Das letzte Tabu

Aldo Haesler

Das letzte Tabu

Ruchlose Gedanken aus der Intimsphäre des Geldes

Verlag Huber
Frauenfeld Stuttgart Wien

Umschlag: Barbara Ziltener, Frauenfeld
Druck: fgb • freiburger graphische betriebe, Freiburg

ISBN 978-3-7193-1572-6

Bibliografische Information der Deutschen Nationalbibliothek Die Deutsche Nationalbibliothek verzeichnet diese Publikation in der Deutschen Nationalbibliografie; detaillierte bibliografische Daten sind im Internet über http://dnb.d-nb.de abrufbar.

FSC www.fsc.org
MIX
Papier aus verantwortungsvollen Quellen
FSC® C011100

Du kannst von mir aus, wenn du willst, das Geld abschaffen, aber du wirst nicht abschaffen die Übermacht desjenigen, der die Vorteile in der Hand hat. Nur wirst du einen, der nicht mit ihnen umgehen kann, an die Stelle dessen setzen, der es gekonnt hat! Denn du irrst, wenn du glaubst, dass das Geld die Ursache unserer Ichsucht ist, es ist ihre Folge.

Robert Musil, *Der Mann ohne Eigenschaften II. Aus dem Nachlass*

Inhaltsverzeichnis

Einleitung

Es werden hier Fragmente vorgetragen, die allesamt eine einfache These zu belegen versuchen: Die Moderne sei ein monetäres Phänomen, sie sei auf einen langfristigen Prozess der Geldbefreiung rückführbar. Geld macht bekanntlich frei, nicht nur frei von Fesseln, sondern auch frei, um zu unternehmen. So das liberale Credo. Doch was man meist unterschlägt ist, dass wir diese Befreiungen seiner eigenen Befreiung verdanken. Wir müssen also zwischen der Befreiung durchs Geld und Befreiung des Geldes strikt unterscheiden. Dieser Prozess der Befreiung des Geldes hat etwas beängstigendes, denn im Grunde genommen können wir es nicht bedenken, was da befreit wird. Nehmen wir diesen Prozess näher unter die Lupe, so beschränkt sich diese Befreiung nicht nur quantitativ auf die Geldschöpfung, die seit Langem schon privatisiert wurde. Nein, dieser Prozess hat andere, qualitative Aspekte, die bislang kaum beleuchtet worden sind: Geld befreit sich von seiner Substanz, wird immer diaphaner, immer unsichtbarer; es befreit sich von seiner moralischen Schwere, indem es zum reinen Medium wird; es befreit sich aber auch von seinen ästhetischen Makeln, ja bis hin zu den einfachen Buchhaltungsregeln. Es hat schon mit dem Geist zu tun, den «man» aus der Flasche ließ – nur fragt sich, welches «man» das ist. Dieser Geist lockte uns mit allerlei Versprechungen, die wir lange Zeit damit beargwöhnten, dass all diese Wundertaten ihren Preis, ihre Entsprechung, ihren Gegenpart haben müssen, den wir jetzt aber, da er aus der Flaschen entlassen wurde, nicht mehr sehen; nicht mehr sehen wollen oder sehen können.

Natürlich gibt es Dutzende von Gründen, die in unser Zeitalter münden – suchte man aber nach der *causa efficiens,* so wäre die pässlichste Antwort noch diese: es waren weder die großen Entdeckungen, weder der neue Geist der Wissenschaft, weder die protestantische Ethik, noch die Rationalisierung der Welt, es war der Prozess der Geldbefreiung. Seine Verheißungen lockten uns zu sehr, als dass wir den Korken behutsam aus der Flasche lösten. Aber das wirklich Befremdliche daran ist nicht so sehr, dass unseren geldvermittelten Gelüsten nun freien Verlauf gegeben würde, nein, es ist, wie Musil richtig unterstrichen hat, die Tatsache, dass das Geld nun endlich zum Mittel der Lösung einer maßgeblich durch es selbst geschaffenen Krise wurde. Das *solus ipse,* das ganz auf sich selbst gestellte Ich ist das Problem. Musil sieht auch richtig, dass es keinen Zweck hat, das Geld abschaffen zu wollen. Es hat keinen Zweck *mehr*. Wollte man es abschaffen, so müsste man dem allein gelassenen Ich ein anderes Mittel zur Hand geben, dessen Effekte wohl noch unabsehbarer und riskanter sein würden als mit dem Geld. Denn unsere Gesellschaft ist definitiv an diesem auf sich selbst gestellten Ich erkrankt; der Prozess der Vereinsamung hat ungeheure Ausmaße angenommen. Konnte der Durchschnittsamerikaner 1985 noch 12 bis 13 Personen angeben, die seinem engeren Bekanntenkreis angehören, so waren es 2005 noch 2 bis 3 Personen: (Smith-Lovin et al. 2006). Wir haben es hier mit einer Katastrophe zu tun, die bislang nicht wahrgenommen worden ist, deren Effekte aber kurzfristig alle sogenannt entwickelten Gesellschaften erfassen werden. Der wahre Sinn des Politischen wäre es, alle Mittel daran zu setzen, um dieser systematischen Zerstückelung aller sozialen Netze entgegenzusteuern. Unsere Erklärung besteht darin, zu zeigen, dass durch die Geldbefreiung die Grundnorm jeden gesellschaftlichen Zusammenlebens, welche die römischen Juristen *«do ut des»* genannt haben – «gebe, *um zu* erhalten» –, Zug um Zug umgangen und ausgehöhlt wird. Das Tragische daran ist aber, dass das Geld nicht nur wichtigste Ursache dieses Prozesses ist, es ist auch seine Lösung. Schafft es die Politik nicht, diesen Prozess zu begreifen, so wird sie weiter Symptome bekämpfen und mit ansehen müssen, wie die größte Hoffnung der Moderne, die Schaffung eines öffentlichen Raumes in ein divertierendes Ödland verwandelt wird.

Man fragt sich nun zu Recht, warum diese Zusammenhänge erst so spät in Erscheinung treten und theoretisch erfasst werden. Das hat mit einem methodischen Problem zu tun, das ich *Trivialisierung* nennen möchte. Ein bedeutender französischer Sozialpsychologe, Serge Moscovici, hat einmal die Moderne als das Zeitalter beschrieben, in welchem die Vermittler sich dessen bemächtigen, zwischen dem sie vermitteln. Es ist dies nicht nur ein Neuaufguss der MacLuhan'schen Devise «the medium is the message». Das Medium ist zwar Botschaft geworden – es fragt sich nur welche. Es ist nun leicht einzusehen, dass das Geld das Medium unter den Medien ist, und dies umso mehr, als es im Verschwinden begriffen ist. Dazu kommt noch, dass es sehr oft als Vermittler gar nicht in Erscheinung tritt. Und dazu kommt schließlich, dass wir glauben zu wissen, was Geld ist und welches seine Charaktere sind, in Tat und Wahrheit aber nur Banalitäten von uns geben, die an der Wirklichkeit weit vorbeigehen. Quantifizierung, Versachlichung, Entfremdung, Verwahrlosung sind solche Denkschablonen, die uns nicht nur nicht weiterhelfen, nein, deren Herunterleiern wie Denkblockaden funktioniert, damit man ja nicht unter die Decke dieser Wirklichkeit schaut. Wusste man bis 2004, dass die Erfindung und Durchsetzung des Taktrhythmus ein eng mit der zu Beginn des 17. Jahrhunderts einsetzenden Monetarisierung der westlichen Gesellschaft verbunden ist? Wohl kaum. Stimmt aber diese vom deutschen Philologen Eske Bockelmann erforschte Entsprechung, dann hat diese Erkenntnis mindestens zwei revolutionäre Konsequenzen: einmal, dass wir auf ganz neue Geldcharaktere stoßen, die bisher nicht erforscht wurden; sodann, dass diese Charaktere unsere Denkformen – nicht nur unsere Denkinhalte – zutiefst beeinflussen. Vor dieser neuen Wucht des Geldprozesses, die ein Karl Marx nicht einmal ahnen konnte, schreckt man meistens zurück, und man greift zu leeren Denkhülsen, zu Trivialitäten, die im Falle des Geldes reichlich vorhanden sind.

Wenn nun Moscovici behauptet, die Vermittler absorbierten die Glieder, zwischen denen sie vermitteln, und wir wollen ihm gerne glauben, so fragt sich dann, welche verborgene Botschaft dieses Medium im Grunde genommen mit sich trägt. Die Suche nach diesen Charakteren ist nicht einfach. Und das wird auch an diesem Text ersichtlich. Wenn er fragmentarisch ist, wenn er Wege aufnimmt und wieder aufgibt, wenn er persönliche Erinnerungen mit theoretischen Streifzügen kombiniert, wenn er schwelgt und sich wieder in Fassungslosigkeit verliert – so sollen diese Vorbehalte nicht so sehr einer *captatio benevolentiae* dienen, sondern sind der Ausdruck dieser Suchbewegungen auf arg vermintem Terrain.

Ich bin zuerst von Fragmenten ausgegangen, die ich in den 80er-Jahren geschrieben hatte, Fragmente aus einer Zeit, als das Ausmaß des Finanzkapitalismus noch nicht so ausgeprägt war wie heute; eine Zeit, als die heutige, in Angst versunkene Gesellschaft, ja wahrlich die Angstgesellschaft noch eine Risikogesellschaft und diese Risiken noch selbst weitgehend aushandelbar waren; es war eine Zeit, wo man *gegen* etwas anschreiben konnte und durfte, und wo man noch hoffte, durch Anschreiben etwas anschieben zu können. Diese Fragmente haben sich dann aber im Schreiben verflüchtigt; der Zeitgeist der Angst und des Casinos ist in sie eingedrungen. Sie haben ihr Gesicht verloren und sind schemenhaft geworden.

Der Adressat der ersten Fragmente war Aurel Schmidt, als er in der *Basler Zeitung* ein Magazin betreute, das jahrzehntelang eines der produktivsten Gedankenlabors in Mitteleuropa war. Wenn man bedenkt, welches Schicksal dieses Medium einer humanistischen Basler Öffentlichkeit heute erlebt, in wessen Hände diese Zeitung heute gelangt ist, so könnte man fast sagen, diese *Drift* illustriere die steigende Vergeblichkeit solchen Anschreibens. Die Schreibfreiheit, die mir Aurel Schmidt damals gab und die nichts mit der Befreiung durch Geld zu tun hatte, sondern schlicht mit Gedankenfreiheit, habe ich nie mehr wiederfinden können. Sie illustriert aber auch die Hauptthese dieses Buches: Geldbefreiung zerstört die Öffentlichkeit, das Prinzip und der Raum öffentlicher Auseinandersetzung.

Es war auch eine Zeit der intensivsten Gespräche mit meinem damaligen Kollegen, Hansuli Brunner, der mir beibrachte, wie man durch die Schrift, die Achtung vor der Form, Fassungslosigkeit zumindest in den Griff bekommen konnte, wie Blindheit zur Einsicht führt, aber auch Einsicht zu Blindheit. Er findet hier einen arg verspäteten Nachtrag auf unsere Gespräche «hin zum Berg» und «auf dem Berg», will heißen: den Zugerberg, wo wir einige Jahre lang unser Brot verdienten. Gespräche, die dann fast jahrzehntelang auch unterbrochen wurden und erst wieder «an den Gestaden» des Ärmelkanals mit meiner Gattin, Michelle Dobré, wiederaufgenommen wurden, diesmal im Bestreben, andere

Formen des Widerstandes, die sie «Alltagswiderstände» nennt, zu entdecken. Weil es doch darum geht, Sandkörner in die Getriebe zu streuen, auch da noch, wo die Flinte bereits ins Korn geworfen wurde, gegen etwas anzuschreiben, dessen Übermacht die Winzigkeit des heute Geschriebenen exemplarisch darstellt, sind Gedanken- und Schreibexperiment die einzig übrigbleibenden Widerstandsnester. In diesem Sinne sei allen dreien ganz herzlich gedankt.

Dieses Buch hat weder Beginn noch Ende. Es folgt zwar einer genauen Logik, doch hilft es dem Leser wenig, sie hier formal darzustellen. Erst indem er sich selbst eine essayistische Lektüre zumutet, wird er allmählich auf die leitenden Gedanken kommen – dann nämlich, wenn er sich etwas *dazudenkt.* Der Verflochtenheit der Argumente kann man sowohl linear als auch völlig ungebunden folgen. Es liest sich also wie ein Novellen-Band, mit der Ausnahme, dass es vermutlich interessanter ist, nicht nur ein Fragment aufs Mal, sondern gleich mehrere frei gewählte nacheinander zu lesen. Am besten ist es wohl, dass man eine Kreuzlektüre macht: Man nimmt sich gewisse Kapitel vor, ganz nach Laune und Geschmack, und beginnt mal mit dem einen, mal mit dem anderen. Es kann also vorkommen, dass man ganze Kapitel auslässt, andere mehrmals liest. Das wäre ganz nach der Absicht des Autors. Die zum Schluss angeführte Bibliographie ist daher auch kein akademischer Aufguss, sondern liefert in der Regel ein lesbares Werk eines in diesem Buch zitierten Autors.

Immunokratie

Wir befinden uns heute in einer «immunitären Demokratie», einer Demokratie, deren wichtigster Grundwert für die meisten darin besteht, in Ruhe gelassen zu werden. Zumindest eine Mehrheit der Menschen im Westen will diese Panzerung. Früher sprach man von «Versicherungsgesellschaft», ein französischer Versicherungs-Philosoph sprach flott von *société assurancielle*, doch wir wissen alle haargenau, dass Versicherungen nur einen Bruchteil dessen abdecken, wovon man in Ruhe gelassen werden möchte.

Heute wird gegen so gut wie alles gepanzert: gegen die Anderen, möglichst alle Anderen, den (großen) Anderen (Gott oder die Sinnfrage), das Andere (Exotische), gegen die Unbilden des Lebens, gegen Störungen aller Art, Staus, Warteschlangen, Mikrokonflikte des Alltags, schräge Blicke und Blicke überhaupt, gegen schlechte Gerüche, gegen Penetranz, gegen möglichst alle Zwischenfälle des Lebens vom Zahnfleisch- bis zum Sinn- und Sinnesschwund. Das Leben selbst ist eine große Panzerung – doch will es vor dem Tod noch so viel wie möglich erlebt haben. Gepanzerte Erlebnisse sind jedoch Mangelware – und nur in Schwundform erhältlich. Nicht umsonst warten wir alle beim Sprung in die Leere, dass der Faden des Bungee-Jumpers einmal reißt. Diesen Riss delegierten wir ganz gerne an den Springer, bequem hinter unseren Bildschirmen.

Doch wenn ich von Demokratie spreche, dann nicht im politischen Sinne. Immunitär ist diese Demokratie nicht, indem sie innerhalb einer demokratischen Ordnung jeden Einzelnen gegen den/die Anderen und die Umstände dieser Welt in Schutz nimmt – denn im Grunde genommen foutieren sich die meisten, und die Politiker zuvorderst, um die Demokratizität dieser Ordnung. Demokratisch ist letztlich nur der Anspruch, in Ruhe gelassen zu werden. Jeder soll dieses Recht haben. Hier zumindest soll Chancengleichheit bestehen. Der Reiche soll in Ruhe protzen, der Arme in Ruhe verrecken, der Säufer saufen und der Schmarotzer schmarotzen können. Und wenn man will, so kann man sogar zuschauen – teilnahmslos oder nicht, je nach Erlebnishunger. Wenn nur des einen Freiheit des anderen Freiheit nicht tangiert.

Es besteht eine fast tragische Sehnsucht nach Ruhe, ein flächendeckendes Bedürfnis nach *Ataraxie* – soll doch die Welt zugrunde gehen, solange sie mich in Ruhe lässt, ist mir das egal und sogar mehr als egal; denn es ist eine Sehnsucht, der es auch egal ist, paradox, ja widersprüchlich zu sein. Natürlich weiß man, dass man dadurch den Untergang noch befördert, dass man nicht schuldlos ist, nichts unternommen zu haben – aber auch diese Beunruhigung nimmt man noch in Kauf, nur wenn man in Ruhe gelassen wird. Die Widersprüche regelt der Einzelne mit sich selbst. Der Rest wird nach oben delegiert.

Denn es ist alles zu viel geworden, zu schwer, zu laut, zu nah und zu dicht, zu komplex, zu unlösbar; man könnte vielleicht noch mithelfen, aber man ist so müde. Man kann nicht mehr. Nicht dass die Zumutungen ans Individuum zugenommen hätten; die waren immer schon (zumindest seit wir die kleinen Paradiese der Urgemeinschaften verlassen haben) zu groß. Neu ist, dass wir sie nicht mehr leiden können. Dass wir so viel wie möglich nach oben delegieren – zum Staat, zum Guru, auf das oberste und verstaubte Regal.

In dieser *Immunokratie* will man den Anderen nicht mehr hören, nicht mehr sehen, nicht mehr riechen müssen; man will die Umstände des Lebens nicht mehr meistern müssen; man will nicht mehr warten, Umwege machen müssen; keine Zeit mehr verlieren, keine Klienten (zum Beispiel im Liebesleben) mehr suchen müssen; nein, es sollte alles still werden, still und unbewegt, ereignislos und stumm. Schon in den 1920er-Jahren hatte der philosophische Anthropologe Helmuth Plessner von «Panzerung» gesprochen: «Das Individuum muss sich zuerst eine Form geben, in der es unangreifbar wird, eine Rüstung gleichsam, mit der es den Kampfplatz der Öffentlichkeit betritt» (1981 [1924], S. 82). Doch heute gibt es nur noch Kampfplätze dieser Art und Öffentlichkeit gar keine mehr; und selbst in seinem Inneren noch kämpft das Individuum mit Teufeln und Teufelchen, vor denen es sich immunisieren muss.

Doch das ist nur die Oberfläche, die wir alle beobachten können, wir überfrachteten und müde gewordenen Individuen. Als Soziologen müssen wir unter die Decke des Scheins kriechen, so tief wie möglich, auf die Gefahr hin, unterm Daunen zu ersticken; wir müssen schauen, was darunter wuselt – und zwar nicht, indem wir den Beobachter beobachten, sondern selbst die Stollenarbeit verrichten. Und diese Stollenarbeit führt geradewegs zum unsichtbaren Band dieser seltsamen Gemeinschaft der Alleingänger, die sich Individualisten nennen – zu diesem unsichtbaren Band, für das wir den Begriff Geld immer noch brauchen. Denn die wohl größte Eigenschaft des Geldes (zumindest für denjenigen, der es besitzt) ist es, in Ruhe gelassen zu werden. Früher war Gelassenheit eine durch eisernen Willen gemeisterte Weisheit, es war stoische Aufräumarbeit zwischen dem Beeinflussbaren und den Kontingenzien. Heute, wo sich die Geldlogik ausgebreitet hat, wie keine andere Logik in der Menschheitsgeschichte, heißt Gelassenheit lediglich In-Ruhe-Gelassenheit. So und nur so setzt sich eine individualistische Ordnung durch, eine Rentnergesellschaft, in der jeder Einzelne das Recht hat, immun gegen die Anderen und immun gegen die Umstände zu sein.

Dieses Immunitätsrecht ist die Basis unserer Rechtsordnung. Denn unter ihre Judikatur können alle Verfassungsrechte subsumiert werden: Eigentum, relative Gleichheit, relative Freiheitsrechte, und vor allem *Schutz und Sicherheit*. Es sind hier zwei grundlegende Wandlungen des Verfassungs- und Zivilrechts anzuzeigen, Wandlungen, welche die Juristen aus Mangel an Gespür für Gesellschaftliches noch gar nicht gemerkt haben. Denn im Zuge der Dematerialisierung des Eigentums – wir konsumieren immer mehr Rechte, Lizenzen, Verfahren und andere Immaterialgüter – hat sich der Eigentumspanzer, mit welchem sich der (possessive) Bürger seit dem frühen 18. Jahrhundert umgab, allmählich aufgelöst. Auch wenn man noch kompulsiv «Häusle baut», um von seinem Nachbarn nicht vernarrt zu werden, merken wir, wie porös seine Wände geworden sind (vor allem dann, wenn das «Häusle» auf Kredit gekauft worden ist). Nein, hartes, resistentes Eigentum beschützt nicht mehr; es schult uns auch nicht mehr aufs «Schaffe, schaffe» wie zu John Lockes Zeiten. Gerne wären wir ein Fisch im Aquarium, da hätten wir wenigstens nichts zu erwarten.

Das hat auch Konsequenzen für den Staat. Was wir vom Staat erwarten, ist diese universelle Schutz- und Polizeifunktion. Souverän ist nicht mehr, wer den Ausnahmezustand ausruft, souverän ist, wer den permanenten Ausnahmezustand vermeidet. Denn der Staat ist auch wiederum so ein Begriff, von dem man erwartet, dass er uns vor all diesen Unbilden abschirmt. Jedes Mal, wenn sich eine Katastrophe ereignet, ist die zweite Frage nach der Frage über die konkreten Ursachen: Kann das auch bei uns passieren; will heißen: Was hat der Staat unternommen, um uns gegen eine vergleichbare Katastrophe in Schutz zu nehmen? Und wir sind gerne bereit, ihm alle unsere Rechte abzutreten, wenn wir nur die Amme haben, die uns sagt: Schlaf ruhig, mein Kind, sei unbesorgt, wir regeln das für dich. Dass der Staat für solche Immunitätsdienste überfordert ist, mag nicht erstaunen; es erstaunt viel eher, mit welch gelassenem Gleichmut er solche Anforderungen auf sich nimmt.

Aber das reicht nicht aus, damit das Gehäuse der Gesellschaft nicht zusammensackt. Der Individualist des westlich-fortgeschrittenen Kapitalismus weiß sich allein, ohne Freund und Familie, ohne Kollegen, ohne Gemeinschaft und Kollegialität, um diesen Kampf um Ruhe und «Gelassenheit» zu führen. Ohne diese traditionalen Stützen, allein auf sich gestellt, ja mutterseelenallein (Mutterseelen als kolloquiale Umstellung des französischen Ausdrucks «moi tout seul», was an sich schon Bände spricht), bleibt ihm der letzte Rekurs auf die vorletzte Instanz: das Geld. Die letzte Instanz – das wissen diejenigen, die kein Geld haben, besser als die anderen – ist die Polizei.

Denn die Gesellschaft der Individuen brauchte Öffentlichkeit, um diese Einsamkeiten zusammenzuführen. Öffentlichkeit ist nicht nur, wie einst Jürgen Habermas behauptete, der Ort bürgerlicher Emanzipation, wo der freie Austausch der Argumente die traditionelle Gewaltsordnung zu überwinden half; sie ist auch das einzige Forum, an dem sich die Einsamen treffen können, um ihre Einsamkeit zu thematisieren und sich durch diese Gespräche als menschliche Wesen anzuerkennen.

Doch wie dieses «moi tout seul» zur Mutterseele wurde, wie diese Übersetzung vom «Muatussöll» zur «Muattersell» und schließlich zur «Mutterseel» wurde, wie das «moi – tout» zur Mutter wurde und das «seul» zur Seele, wie um alles in der Welt diese Mutterseele in dieser Einsamkeitswelt aufgerufen wurde, als Hilferuf vermutlich, in einer Welt der Wesen ohne Schatten, und wie diese Mutterseele zur *pecunia,* zu *Juno Moneta* wurde, das scheint doch nach Erklärung zu verlangen. Es wäre deshalb interessant zu wissen, mit welchen Konsequenzen zu rechnen ist, wenn an die Stelle des öffentlichen Raums und seiner Prinzipien das Geldprinzip tritt.

Über die Schwierigkeit, Geld zu sagen

Das Gegenteil von banal ist nicht spektakulär, wie es die Massenmedien leider tagtäglich zum Besten geben. Das Spektakuläre ist fast immer banal, wenn es nicht gerade ausgesprochen obszön ist. Durchbrechen wir diese Welt des Scheins, und Banalität ist immer Schein, so ist ihr Gegenteil das Fatale. So gibt es einen banalen Diskurs ums Geld, mehr oder weniger technisch gewendet; und es gibt einen fatalen Diskurs, der keiner Technik bedarf. Techniker sind daher Banausen (oder Banalisten), deren Banalität meist fatale Folgen hat. Und umgekehrt sind Intellektuelle Fatalisten, deren Bramarbasieren zumeist im Banalen endet. Und vergessen wir nicht: Ökonomen sind Techniker.

Banal über Geld zu denken besteht darin, mit Zahlenreihen zu hantieren und Trivialitäten von sich zu geben. So das hypnotisierende Runterleiern von Börsenzahlen, von makroökonomischen Größen, von Indices, Indizien und *ratios* sowie das wahre Denkmassaker von Binsenweisheiten wie «Geld regiere die Welt», «money makes the world go round», «pas d'argent pas de Suisse» usw., wie es honorige Kolumnisten oder Honorarprofessoren anlässlich ihrer Abschiedsvorlesung von sich geben, nachdem sie sich ein ganzes Leben lang mit Finanzen herumgeschlagen haben.

Der Fluch am Geld beginnt aber, sobald man diese Banalität verlässt. Denn sehr schnell öffnet sich die Falle des Fatalen. Denn das Geld zu denken ist eine verteufelt schwierige Sache. Das veranschaulicht schon die unglaublich geringe

Zahl derer, die sich dieses Geschäft vorgenommen haben. Fragt man anlässlich eines öffentlichen Gesprächs, wer sich aufs Geld versteht, so erheben sich so manche Finger mit gefälliger Miene und ironischem Spruch; fragt man dann einen der Fingerheber, was denn das Geld eigentlich sei, so muss man nur das «eigentlich» besonders betonen, um die Vorlauten mundtot zu machen. Stellt man aber die Frage im Haus der Forschung, so heben die Ökonomen beide Arme in die Luft, und betont man das «eigentlich» ein bisschen mehr als gewohnt, so bleiben im Saal vielleicht noch einige Soziologen (die sich im Gebäude verirrt haben), die glauben, ihre Spezialität sei, eine Antwort auf alles geben zu können.

Die Vermutung liegt nahe, dass es Verstrickungen zwischen dem Geld und unseren Denkformen gibt, die, noch weitgehend unerforscht, uns im Ungewissen darüber lassend, genauer zu wissen, *was es denn* ist, das gerade denkt, unser Denken oder das Geld. Genau diese Frage hat uns Bruno Liebrucks, dieser bedeutende und völlig verschwiegene Philosoph, als Legat hinterlassen. Wenn, wie wir vermuten, das moderne Denken vom Geld «abgeleitet» worden ist, so wird es schwierig mit dem Denken, schwierig vor allem mit dem Denken übers Geld, mit dem Bedenken des Geldes, ganz allgemein mit Geldgedanken. Diese seltsame, ja sogar schockierende These müssen wir gleich zu Beginn formulieren, auch wenn ihre Einlösung unmöglich erscheint. Doch was heißt hier «abgeleitet»? Besteht lediglich eine vage Analogie zwischen Geld und Denken oder wird Letzteres richtiggehend vom Geld «programmiert»? Wenn ich also *schreibe*, so wie hier, folge ich nicht meinem eigenen Denken, sondern einer Logik, die ein anderes Prinzip, das Geldprinzip, bestimmt hat, selbst dann noch, wenn ich über diesen Gegenstand selbst schreibe? Was hat nun dieses Prinzip auf sich? Welcher Logik folgt es? Gar nur einer Zahlenlogik? Oder legt es mein Denken auf Bahnen, die ich selbst nicht mehr begreifen kann? Aber was kann ich in diesem schlimmsten Fall tun, wenn ich diesen Schierlingsbecher bereits gekostet habe und weiß, dass ich hier durchmuss?

Die Denkstrukturen in unserer Zivilisation sind geldgeprägt, wie sehr, wie tief, ist nicht zu eruieren; aber diese Prägung ist umso stärker, als das Geld entstofflicht wird. Denn um es zu verteufeln, mussten wir einen dreckigen, schweren, symbolbeladenen Gegenstand in Händen halten. Die Hände mussten durch den Geldschmutz geschwärzt werden, damit wir übers Geld drauflos wettern konnten. Heute sehen wir, wie dieser Gegenstand sich von Tag zu Tag mehr verflüchtigt. Geld ist zum Äther geworden, und diesen Äther können wir nicht mehr verteufeln. *«Money laundering»* gibt es somit in zwei Fassungen: das Weißwaschen von Schwarz- und anderem schmutzigen Geld und die Purifizierung des Geldprinzips als solchem.

Diese und ähnliche Fragen sind immens und so verstrickt, dass man sie nicht *direkt* stellen kann. Man muss Umwege finden, um sich an diese Problematik heranzuwagen. Hat man diese Frage aber einmal gestellt, so ist man in dieser Thematik gefangen. Man muss einen Ausgang finden, eine Antwort riskieren, was denn diese Ableitung des (modernen) Denkens aus dem Geiste des Geldes auf sich hat. Das Geld denken heißt irgendwo das Denken denken – bei all der Vagheit des Irgendwo; doch als Materialisierung des Denkens ist Geld auch anders fassbar. Der performative Widerspruch (gegen Geld anzudenken, mit einem Denken, das geldgeprägt ist) darf sich nicht als Denkverbot ausbreiten. Das erklärt auch eine gewisse Lizenz im Schreiben über Geld, die Bereitschaft über die Stilgrenzen hinaus, das Potential von Sprache und Schrift geschickt zu nutzen, um nicht wieder in gewissen ideologischen und wissenschaftlichen Dogmatismen zu erstarren. Kritik kommt früh genug – selbst und gerade im Gewand der Realität.

Der wohl dümmste Schleier des Geldes ist das Alltagsverständnis. Die Idee, dass jeder ein wenig Spezialist des Geldes sei, da es ja meistens um sein eigenes geht, wird zumeist als Argument benützt, es auf Buchhalter-Niveau zu belassen. Denn im Grunde reicht es schon, die Wirklichkeit in Soll und Haben zu verteilen und daraus bereits das Gefühl zu gewinnen, das Leben, *sein* Leben, im Griff zu haben. Was sucht man, was hinterfragt man also, wo es doch viel heiklere Fragen gibt und man zumindest hier, in Geldsachen, eine minimale Ordnung voraussetzen darf? Man stellt sich so ein Leben wie ein Verbund von Netzen vor, deren elementarstes die Geldordnung ist. Man hat ja auch noch andere Sorgen (sagt man ..., wir schlagen vor, es Kummer zu nennen)! Mit seinen Mitmenschen, mit dem Beruf, seinen Kindern, mit der Karriere, den Nachbarn, dem Lebenssinn, den Erwartungen, dem Sex, der Identität – und man hat das Gefühl, dass dieser Kummerschleier immer dichter, immer undurchdringlicher wird. Deshalb braucht man Netze, um nicht stets durchzufallen. Und hier spielt natürlich dieses elementare Sicherheitsgefühl, wenigstens in Gelddingen eine Grundlage zu haben, eine ausschlaggebende Rolle.

Auch wenn überall anders diese Sicherheit, diese Orientierung fehlt, wenn alle anderen Netze löchrig werden, hier, in Gelddingen geht es noch mit rechten Dingen zu. Eine Kolonne fürs Soll, eine fürs Haben – einen Strich darunter, und man saldiert. Deshalb die Scheu, ja fast ein Widerwille, sich eingehender mit Geldsachen zu beschäftigen. Nicht umsonst gehören Geldsachen zu den letzten Tabus einer enttabuisierten Zeit. Es geht hier weniger darum, dass man mit solchen Fragen in Intimzonen eingreift, in die man nicht eingreifen sollte, nein, es geht darum, dass man sich an einem Ordnungsfaktor vergreift, von dem man zwar vermutet, dass er mit allerlei Geheimnissen durchzogen ist, jedoch größtes Interesse daran hat, den Deckel dieser Pandorabüchse nicht zu heben.

Natürlich sind Geldsachen Intimsachen. Aber weshalb? Nur weil Neid und Missgunst die Menschheit beherrschen? Weil Geld eben jeden Vergleich ermöglicht (wie viel verdient er, wie reich ist er, wie viel hat sein Haus gekostet usw.)? Mag sein. Aber selbst wenn man in solchen Fragen zurückhaltend ist, bleibt dieses schale Gefühl, in eine Zone einzubrechen, von der die Leute nur zurückhaltend – wenn überhaupt – Bescheid geben. Geld ist und bleibt ein Tabu ... Ja, solange es als Geld erfahren wird. Aber das ist eine andere Frage; was wird aus schwindendem Geld, was, wenn es nur noch eine Ziffer auf einem Zettel ist? Nur noch ein Elektronenstrom?

Die Intimität des Geldes hat mit «Ich-Zwang» zu tun. Das hat der deutsche Literaturwissenschaftler Fritz Breithaupt schön herausgearbeitet. Lesen wir nochmals Robert Musils Eingangszitat. Es nützt nichts, das Geld abschaffen zu wollen, sagt Musil. Schaffst du es ab, dann musst du dem Subjekt ein anderes Mittel zu seiner Selbstbehauptung geben, von dem zu vermuten ist, dass seine Auswirkungen noch viel unabsehbarer und gefährlicher sein könnten als mit dem Geld. Der Grund liegt somit im einsamen Subjekt, dessen Intimität das Geld *ist.* Geldsachen sind somit Intimsachen, weil die Intimsache selbst eine Geldsache ist, und sie sind deshalb tabu, weil sie nur das sind, nur so wenig, aber auch nur so viel.

Dennoch *muss* es möglich sein, über diesen Gegenstand zu denken, ohne ihn zugleich an die Denkunmöglichkeit der durch diesen Gegenstand – Geld – bestimmten Denkformen zu binden. Es ist dies kein moralisches Müssen – als ob unser Überleben davon abhinge (was es auch tut) –, sondern ein rein logisches. Wenn wir sagen können, es sei möglich über die Grenzen des Denkens nachzudenken, so *muss* es auch möglich sein, diese seine Manifestation im Geld nachzuspüren und einer genaueren Analyse zu unterziehen.

Gleichwohl ist es ein unendlich schwieriges Geschäft, vom Geld zu denken und selbst von ihm zu reden. Denn jeder versteht etwas davon, hat etwas Urpersönliches davon zu berichten, fühlt sich ein Spezialist, der gerade in diesen Dingen die Beherrschung nicht verlieren darf. Aber wer weiß wirklich, was es ist, woher es kommt, wie es entsteht, wie es funktioniert – man weiß nur, wohin es geht, und das noch im besten Falle: in andere Taschen. Was aber darüber hinausgeht, wird mit sieben Siegeln belegt und mit verschiedenen Tabus. Über Geld zu sprechen geziemt sich nicht, so das triviale Tabu; über es nachzudenken, es zu einem Gegenstand wissenschaftlicher Forschung zu erheben gilt im besten Falle als müßig, im schlimmsten aber als unmöglich.

Ein Berliner Religionswissenschaftler, Klaus Heinrich, hatte in den 60er-Jahren ein seltsames Buch über den zunehmenden Konformitätsdrang seiner Zeitgenossen geschrieben und ihm den einprägsamen Titel *«Über die Schwierigkeit, nein zu sagen»* gegeben. Ein gleiches Problem haben wir hier – nur, dass die politische Schwierigkeit, die in den 60er-Jahren gemaßregelt werden sollte, heute eine begriffliche geworden ist. Nicht nur wissen wir nicht, was wir wollen – so ein berühmtes Diktum Ernst Blochs –, uns fehlen die Worte und die Erzählungen, um es überhaupt zu wissen. So ist es schwierig geworden, nicht so sehr mit dem Neinsagen, sondern mit dem Sagen überhaupt – und mit dem Sagen übers Geld ganz speziell.

Denn eigentlich dürfte man vom Geld nicht sprechen. Man dürfte es sorgsamst benützen und dann zur Seite legen. Aber dieses unreine Zeichen zu thematisieren, von ihm zu sprechen, als sei es ein Zeichen an sich, ein bedeutender Gegenstand – genau das ist, was der Volksmund schon immer verboten hat. Der Volksmund sagt, man *solle* von ihm nicht sprechen, will heißen, von ihm zu sprechen sei indiskret, unschicklich, gewöhnlich, gar vulgär. Dennoch reden die Leute unablässig von ihm, vom Lohn, von den Warenpreisen, von Schulden und Krediten, von Ersparnissen und laufenden Geschäften. Am Geld entzünden sich die größten Familienkrisen, an ihm taumeln ganze Staaten dem Abgrund entgegen.

Am Strand habe ich mir einen kleinen Steinwall gebaut, damit ich, gegen den Nordwestwind geschützt, in aller Ruhe lesen kann. Mein Leseplatz liegt unterhalb einer Vordüne, auf der ein Spazierweg läuft. Von wegen ruhig lesen ... Bei rauem Wetter zieht es einem die Hose vom Leib, und wenn die Sonne scheint – was in der Normandie doch ein wenig selten ist –, schlendern die Spaziergänger bei mir vorbei. Und da ich nicht nur Soziologe bin, um möglichst gestelzte Phrasen über die Niederungen der Moderne zu dreschen, lausche ich ihren Konversationen zu. Nicht selten ist Geld das Motto. Bei Frauen überwiegen Beziehungsgespräche (meist über Abwesende), bei Männern allerlei technischer Kram – doch beiden Geschlechtern gemeinsam ist die Rede vom Geld. Und zwar in all seinen Anwandlungen, vom Taschengeld der Kinder zu den Ladenpreisen, von der Kaufkraft zu den Steuern, von der Inflation zum Sinn des Euro und von Schulden, Schulden, Schulden.

Vom Geld wird also nicht nur nicht gesprochen, es ist ein Dauerthema der alltäglichen Unterhaltung. Und was der Volksmund wahrscheinlich meint, wenn er verschreibt, vom

Gelde solle man nicht reden, ist vermutlich die Anweisung, bei *geselligen* Anlässen die Mitmenschen von solch trüber Materie zu verschonen. Es ist in der Tat wahr, dass vom Geld besser zu sprechen ist, wenn man zusammen marschiert, denn dieses Marschieren geschieht meist zu zweit und in dieser spazierenden Zweisamkeit fühlt man sich ganz besonders aufgehoben. Diese Aufhebung (der Privatheit, der Geheimnisse, der Intimitäten) ist ein idealer Anlass, um Gesprächsinhalte zu teilen, die nicht für jedermann gelten. Man könnte sogar sagen, vom Geld zu reden stiftet somit diese kleine, ephemere Gemeinschaft der Spaziergänger, eine kleine intime Kapsel, in der über Geld geredet werden kann. Doch das ist vielleicht etwas zu weit hergeholt.

Denn diese Rede vom Geld im Alltag bezieht sich nur auf die Zahl und die Zahlung, nicht aber auf seine Funktion und seinen Sinn. Solange man nur Schnödheiten übers Geld sagt – und dazu gehören auch erbauliche Gedanken, die meisten Zitate und Bonmots –, solange droht man nicht aus dem Rahmen zu fallen. Wehe aber, wenn man den Rahmen verlässt. Wehe, man verletzt die spröde Wirklichkeit.

Worauf ich hinauswill, ist Folgendes: Vom Geld darf man nicht sprechen, so meine These, nicht weil es vulgär wäre, von ihm zu sprechen, sondern weil es das Innerste unserer Gesellschaft ist, ihr letztes Tabu. Deshalb ist vom Gelde zu schreiben, übers Geld nachzudenken nicht nur schwierig, es ist auch gefährlich. Natürlich spiele ich weder mit meinem Leben noch mit meiner Karriere – die Gefahr ist ganz auf meiner Seite. Die Gefahr, in den Wind zu schreiben, die Gefahr, am Ende dieser Schriften bekennen zu müssen, am Thema vorbeigeschrieben, es gar nicht erfasst zu haben oder aber es zwar erfasst zu haben ohne ersichtliche Erkenntnisse. Es ist gefährlich, denn bei einem solchen Denkaufwand schließlich bei einem trostlosen Nichts zu landen rüttelt nicht nur am Selbstwertgefühl des Schreibers, es führt ganz nahe an das Gefühl der *Vergeblichkeit* heran. Einer ontischen Vergeblichkeit, wo sich Denkgrenzen und Denkmöglichkeiten dramatisch kreuzen. Denn müsste ich aus all den Jahren den Gemütsreflex herausdestillieren, den ich dieser Plackerei abgewonnen habe, so würde ich sagen, dass ich all diese dreißig Jahre vielleicht vergeblich gearbeitet habe. Es ist ein schreckliches Gefühl, denn es gibt daraus keinen anderen Ausweg, als weiterzuarbeiten, das heißt den Berg der Vergeblichkeiten noch weiter aufzutürmen.

Kann der Literat beim Scheitern seiner Versuche wenigstens eine gewisse Lust des Schreibens anführen, der ausgebeutete Arbeiter Groll und Ingrimm an seinem Meister, so kann derjenige, der über Geld schreibt, diese Selbstausbeutung nur auf eine vage Verpflichtung zurückführen, (anstelle wissenschaftlichen Neulands) gesellschaftlich relevantes Hinterfragen versucht zu haben. Mehr aber nicht.

Aber das trifft noch nicht den Nagel auf den Kopf. Denn immerhin sind auch diese Klagen des alternden, am Geld sich abarbeitenden Werther ein Luxus, ein Privileg – hätte er doch die Wahl gehabt, anstelle dieser spröden Materie sich der Bienenzucht zu widmen oder dem Marathonschwimmen. Nein, all das sind kleine, subjektive Momente, Atmosphärisches, das kaum von Belang ist. Denn das Verbot, Geld als gesellschaftliche Macht zu denken, ist ein Tabubruch, den sich auch die Moderne nicht gefallen lassen kann. Von dem Moment an, wo eine Gesellschaft nicht mehr legitim ist, wo ihre Ordnung nicht mehr mit der Summe der Einzelwillen korreliert, muss sie sich auf eine Macht berufen und zugleich diese Macht mit einem Tabu belegen. Denn diese Macht hält Unhaltbares zusammen, kittet, was nicht zusammenpasst, nicht zusammenwill, nicht zusammenhält. Und was gibt es Schlimmeres in der Moderne als die Aufdeckung ihrer Kontingenz? Nicht nur ist ihre Ordnung von absurder Unmenschlichkeit, nicht nur kann sie niemand wollen, nicht einmal ein kapitalistischer Wüstling, wenn er sich als Mensch gebärdet und nicht als Reptil, sie hat, diese Ordnung, nicht einmal den Ruch des Unabdingbaren, die sakrale Weihe. Nein, diese Ordnung, wie wir noch sehen werden, ist zwar möglich, aber eben *als mögliche* ist sie nicht notwendig und als nichtnotwendige ist ihre Grausamkeit absurd. Aus diesem Grunde darf das, woraus sie zusammengehalten wird, auf keine Weise in Erscheinung treten.

Wir alle leiden an der Gesellschaft, nicht so sehr an der Gesellschaft der Menschen, die uns umgeben, sondern an der objektiven gesellschaftlichen Wirklichkeit mit all ihren Härten und Entbehrungen, mit all dieser fassungslosen Hilflosigkeit und existentiellen Vergeblichkeit, die uns die Faktizität der Welt beschert. Ertragen können wir das Ganze vielleicht nur, weil gewisse Zusammenhänge in dieser Wirklichkeit im Vagen liegen, weil ein Schleier über ihr liegt, ein Schleier des Nichtwissens oder des Nichtwissen-Wollens, der diese Härten etwas dämpft. Schon die Neandertaler stellten sich die Todesfrage, und es wäre nicht fernliegend zu glauben, dass sie untergingen, weil sie mit dieser Frage nicht fertig wurden. Nur der *homo sapiens sapiens* hat zwischen sich und diesen letzten Fragen einen Panzer aufbauen können, der ihm ein *Überleben im Vagen* gestattet. Denn der Mensch ist ein Zeichenwesen, weil er mit dieser Vagheit fertig werden muss. Vom Gelde zu reden wäre somit diese Vagheit zu entschleiern – auf die Gefahr hin, das Schicksal der Neandertaler zu teilen.

In der Angstgesellschaft

Was bin ich in den Wäldern rund um mein Heimatdorf herumgestrolcht! Da war die Fabrik, die Kammgarnspinnerei, da war die Thur, der Fluss, da waren Äcker und Wiesen, Böschungen und Weiher, ein Sumpfgebiet, eine Ziegelei, eine Eisenbahnstrecke, wo riesenlange Gütertransporte vorbeidröhnten. Und da waren Wälder, Wäldchen, Büsche und Hecken. Damals sagte man, man *striele*. Ich war also ein *Strieli*. Schon mit drei, vier Jahren lockte es mich aus dem Haus hinaus, und ich begann meine Umgebung in konzentrischen Kreisen zu erkunden. Da waren durchaus Gefahren und gar nicht kleine: Ein Kanal floss vor der Haustür vorbei, der Fabrikstrasse entlang, getrieben zwischen zwei Turbinen; da war der große Hans, der Kutscher mit seinem Gespann, das auch vor der Haustür vorbeirauschte; da war der Wald, die Thur, die Eisenbahn samt Unterführung, die Jäger, die bösen Mannen, die streunenden Hunde – aber man ließ mich raus, man ließ mich strielen. Wir waren damals frei wie die *Kinder aus Bullerbü,* deren Verfilmung wir jede Woche vor dem frisch gekauften Fernseher nachverfolgten. In dieser Astrid-Lindgren-Welt gab es Gefahren, aber es gab auch die Kraft und das Vertrauen, sie für uns aufzuheben.

Doch allmählich ist die Angst gekommen, wie ein unsichtbarer Mantel, der all unsere Erfahrungen zudeckt, der sie trübe macht und beklommen. Man wird einwenden wollen, diese Besorgtheit komme mit dem Erwachsenwerden, mit dem Erfüllen der Pflicht, mit der Suche nach Stellung und Stellen. Sie komme mit der wachsenden Komplexität und der Beschleunigung des modernen Lebens. Doch nicht so schnell! Denn was in den zehn letzten Jahren geschehen ist, hat wenig mit dieser laufenden Erschwerung der Lebensfreiheiten zu tun. Nicht nur finden wir keine Kinder mehr, die im Wald herumstrielen, wir finden auch keine Wälder mehr, wo es strielende Kinder gibt, nicht einmal mehr streunende Hunde. Eine dumpfe, schwere, unsichtbare kollektive Angstpsychose hat sich auf unsere Zivilisation gelegt. Das hat m.E. folgende Bewandtnis.

Die Liederlichkeit der Chemiebonzen gab uns Schweizerhalle, und der aggressive Schwachsinn der Islamisten gab die *Twin-Towers.* Schweizerhalle führte den deutschen Starsoziologen Ulrich Beck zur Ausformulierung seiner *Risikogesellschaft.* Eigentlich hätte man seit dem 11. September einen anderen Starsoziologen auf den Plan rufen müssen, damit er uns über die *Angstgesellschaft* eines Besseren belehren würde.

Denn seit diesem furchtbaren Tag leben wir in der Angst, in einer durch Angst durchzogenen Gesellschaft. Es ist, als ob uns jeden Moment der Himmel auf den Kopf fallen, als ob uns jeden Moment der Verstand verlassen könnte, als ob es keine Freunde mehr gäbe, auf die man zählen kann. Glaubt man Rainer Werner Fassbinders ungleichem Paar im gleichnamigen Film, so *isst Angst die Seele auf.* Es ist ein subtiles Gift, das quer durch die Gesellschaft bis in die kleinsten Verästelungen der menschlichen Beziehungen gelangt. Die Kinder lässt man nicht mehr draußen spielen, durch die Stadt lässt sich nicht mehr schlendern, und selbst durch die Landschaft, gehe ich nicht auf einem eigens dafür markierten Weg, überkommt mich sehr schnell das mulmige Gefühl, etwas Unpassendes zu tun.

Diese permanente Angst wurde nicht durch die fliegenden Idioten geschaffen; die 11/09-Attentate waren nur der Kristallisationspunkt, an welchem ein abstraktes Angstschema so richtig ausbrechen konnte. Al Qaida lieferte einem öffentlichen Angstdiskurs ein passendes Argument, um die halbe Welt eine bittere Pille schlucken zu lassen, die sonst schwer hätte verordnet werden können. Denn diese öffentlichen Diskurse sind nichts als die Dekretierung eines permanenten Ausnahmezustandes, der von uns eine erhöhte Wachsamkeit in allen Dingen, nicht nur des Alltags, sondern bis weit hinein in unsere Privatsphäre verlangt.

Der Mensch ist zwar ein aus dem Schutz des Waldes entlaufener Affe, der sich in der Steppe aufgerichtet hat und daher beobachtbar geworden ist. Von da an braucht er Rückendeckung und Flankenschutz. Deshalb organisiert er sich auch *gesellschaftlich,* um nicht unentwegt bedroht zu sein. Wir leiden zwar an der Gesellschaft, an den Normen und Rollenzwängen, an den kontrollierenden Blicken und ständigen Zurechtweisungen – aber was wäre unsere Existenz, wenn sie der ständigen Angst ausgesetzt wäre? Andererseits hat unsere Gesellschaft längst schon den Pegel polizeilicher Aufmerksamkeit auf ein Maß gesetzt, das uns ein unbeschwertes Leben in der Öffentlichkeit verunmöglicht, ja das Öffentlichkeit als Freiraum in ihr Gegenteil verwandelt. Überall lauern Gefahren und stehen Beschränkungen, überall wird an den Zivilsinn des Bürgers appelliert – nicht mehr im Dienste der *gemeinsamen Sache,* der *res republica,* sondern als Späher, als Polizeihelfer, als Kontrolleur. Da ein suspektes Paket, dort eine seltsame Gestalt, hier eine deplatzierte Gebärde, ein fremdes Autoschild, Licht im Keller, ein offenes Tor – oha! Ist es dann ein Wunder, wenn in Frankreich das Wort «vigilance» (Wachsamkeit) eines der meistbenutzten im öffentlichen Jargon geworden ist? Wo früher von Aufmerksamkeit die Rede war, wo früher nicht hingeschaut wurde, wo Diskretion geübt wurde, wo man leben ließ, werden heute «vigiles» (Wachen) gestellt, in Uniform und auch ohne.

Und das ist ein ganz bemerkenswerter Einbruch in unserer Öffentlichkeit. Denn es war eine kulturelle Leistung sondergleichen, dass es im 19. und 20. Jahrhundert möglich geworden war, *kleine Freiheiten* zu erleben; kleine Freiheiten, wie das Strielen, das Pilzesammeln im Wald, die ungestörte Wanderung, das Flanieren in der Stadt, das Lesen vormals verbotener Schriften, die Autofahrt quer durch Europa, die leichte Verspätung, das Verschieben von Plänen, das Entfremden von Räumen und viele andere kleine Freiheiten mehr. Alles, was heute durch die Penetranz der Wachsamkeit gestört wird, all dies konnte man während etwas mehr als einem Jahrhundert frei erleben. Es gab eine Hohezeit der Moderne, in der Tat, wo sich die Menschenrechte nicht nur auf ein tolerables Minimum begrenzten – wovon vor allem die Frauen profitierten, indem sie zum Beispiel zum ersten Mal seit Tausenden von Jahren in der Wahl ihrer Kleider nicht nur den Männerblick, sondern auch ihr Wohlbefinden berücksichtigten –, wo Menschenrechte nicht nur zu Alltagsrechten wurden, sondern durch diese *kleinen Freiheiten ergänzt* zu reellen Motiven der Emanzipation wurden. Mit ihnen ist seit diesen stupiden Attentaten Schluss. Jetzt wird wieder gewacht, beobachtet, beargwöhnt, begafft und kontrolliert – und das Resultat ist eine Schrumpfung der Öffentlichkeit, wie sie unsere Zivilisation seit Beginn der Neuzeit nicht erlebt hat.

Doch diese Angst ist nicht nur auf äußere Angriffe zurückzuführen, auf einen Polizeistaat und die Nachbarnpolizei; wäre dies der Fall, dann gäbe es mehr Widerstand gegen diese permanente Beschneidung unserer kleinen Freiheiten. Nein, diese Angst stammt auch aus dem Immunisierungsgefüge unserer Gesellschaft selbst. Zwar mag Immunität mit diesem tiefliegenden Bedürfnis nach Rückendeckung und Flankenschutz zusammenhängen, doch ist ihre Basis gesellschaftlich. Die *Twin-Towers*-Attentate sind auf einen fruchtbaren Boden gefallen. Denn seit einer Periode, die ich weiter unten als *Schwellenzeit* zwischen weicher und harter Moderne betrachten werde, will heißen: die frühen 70er-Jahre, regiert die Angst, doch vor allem: Es wird mit der Angst regiert. *Politics of fear,* nennt dies der englische Politologe Frank Furedi. Und diese Angst ist *beyond left and right,* wie es der Untertitel seines Buches suggeriert, sie ist nicht mehr nur das ordnungspolitische Instrument der Rechten, sondern infiziert auch die linke Seele. Diese Angst ist der Preis für unsere Immunität.

Wie auch schon Ulrich Beck mit den Risiken feststellte, ist das Risiko ein Schlechtes für ein Gutes, und das Schlechte ist ungleich verteilt; so auch die Angst. Die Angst ist ein Schlechtes für das Gut der Immunität, aber wer oben steht, den streift die Angst nur, während der kleine Mann ganz unten nur noch in der Angst lebt.

Man könnte einwenden, dass die Funktion der Immunisierung darin bestünde, uns von der Angst zu lösen. Doch ist es hier wie mit vielen «Gütern» der Massengesellschaft: Ab einem gewissen kritischen Punkt schafft jedes zusätzliche «Gut(e)» ein überproportionales Schlechtes. Das hatte schon der Visionär Ivan Illich gesehen: im Autoverkehr, in der medizinischen Versorgung, ja sogar in der Bildung. Je mehr Ärzte, desto mehr Kranke (ab einem gewissen Punkt, der in Malawi wohl noch lange nicht erreicht wird), je mehr Immunität, also, desto mehr Angst. Zwei Erklärungen könnten hier gegeben werden. Einmal verheißt Immunisierung Abzirkelung vom Anderen. Der Massenmensch schafft sich Sicherheit *allein.* Er verliert sein Vertrauen an allem, wofür er nicht bezahlt hat. Wofür er bezahlt, dafür will er den Vollservice mit allen Garantien. Es ist daher ganz falsch, wie zwei französische Ökonomen zu behaupten, von einer *Gesellschaft des Misstrauens* zu sprechen. Als ob wir die Wahl hätten ..., als ob wir lieber misstrauten als vertrauten ... Zu solchem Unsinn können sich wahrlich nur Ökonomen hinreißen lassen. Nein, eine solche Misstrauensgesellschaft beruht viel eher auf einem Vertrauensschwund, der darauf zurückzuführen ist, dass wir einem System ganz vertrauen *müssen,* hier die zweite Erklärung, ihm aber aus mehreren Gründen nicht vertrauen *können.* Wir haben keine andere Wahl mehr, als auf das Geldsystem zu vertrauen; nur noch Geldbeziehungen sind wahre Beziehungen, *weil* alle anderen Beziehungen Vertrauensbeziehungen sind und Vertrauensbeziehungen für uns einfach zu riskant geworden sind. Doch wir wissen, nein, wir ahnen, dass Geldbeziehungen spröde sind und dass das Netz, das sie trägt, selbst eine riesengroße Vertrauenssache ist. Das wissen wir frühestens bei jeder größeren Finanzkrise.

Zunächst kam also das Risiko auf uns herab, als uns bewusst wurde, dass wir unser Raumschiff sabotiert hatten; von nun an wurde alles nur noch durch die Risikobrille gesehen, zur großen Freude der Versicherungswirtschaft. Bis zu einem gewissen Punkt kann der Mensch, der größte Rationalisator unter den Tieren, das Risiko kalkulieren, abschätzen, umverlagern, kurz: er kann es zwar nicht abschaffen, aber kann sich beruhigen. Durch die seit den 70er-Jahren (Schwellenzeit auch hier) sich anbahnende Terrorisierung der Gesellschaft, die am 11. September ihren Kristallisationspunkt erreichte, wurde diese Beruhigung Zug um Zug ausgehöhlt. Das ganze Rationalisierungsgebäude brach in sich zusammen, und es blieben die Risiken. Jeden Tag mehr.

Angst entsteht ohne klare Ursache – darin verschieden von der Furcht. Es ist zunächst ein ungutes Gefühl, eine Ahnung, dass mit dem Wirklichkeitsgefüge, in dem wir leben, etwas nicht in Ordnung ist. Zwar kann man die Angstgesellschaft als unerwünschte Begleiterin des Finanzkapitalismus auffassen und Angstpolitik, die ja seit Machiavelli immer wieder aufgeboten wurde, als effiziente Sozialkontrolle, doch greift sie tiefer, bis in die Grundfeste unserer gesellschaftlichen Verfassung. Dieses seltsame Gefühl, in der Schwebe zu sein, kein Urvertrauen mehr zu haben, einer Art metaphysischen Obdachlosigkeit anheimgefallen zu sein – es ist nach meinen Mutmaßungen der Preis für diese Ich-Sucht, von der Musil gesprochen hat. Nur kommt sie nicht vom Individuum selbst, diese Sucht; sie ist vielmehr eine Bedingung, die an es gestellt wird, ein Ich-Zwang. Denn will sich das Individuum in dieser Gesellschaft behaupten, so ist es gezwungen, sich an seinem Ich festzukrallen, und das heißt: allen anderen gegenüber mit Wachsamkeit zu begegnen.

Das vorletzte Tabu

Eines wollte man in der Modernen unbedingt (und will man zum Teil immer noch): Man wollte (es) wissen. Einer ihrer ersten Denker, Francis Bacon, identifizierte Wissen und Macht. Damit wollte er vor allem an Glaubensformen rütteln, wo es nichts zu wissen, sondern nur zu befolgen oder zu glauben galt. Diese «theoretische Neugier», wie es der deutsche Philosoph Hans Blumenberg einmal treffend ausdrückte, ist nie Selbstzweck. Man will wissen, um Umstände zu verändern – mit oder ohne ihr Dazutun. Und dadurch übt man Macht aus. Lange Zeit war es die Natur, die man ungefragt durch Wissen transformierte; bis durch das Aufkommen der Humanwissenschaften auch der Mensch an die Reihe kam. Wie immer tat man all dies für den guten Zweck. Man erforschte den Körper und die Seele, um sie möglichst von ihren Beschwerden zu befreien. Dass es Kollateraleffekte geben könne, die nicht kurativ, sondern regulativ wirkten, dass man also den menschlichen Willen brach oder ihn so beeinflusste, dass vom *librium arbitrium* nicht mehr die Rede sein konnte, das musste einkalkuliert werden.

Durch die modernen Sozialwissenschaften ist die Möglichkeit entstanden, Macht über den Menschen auszuüben, ohne dass ihm diese Macht auch nur bewusst würde, ohne dass er Widerstand leisten könnte. Und das macht das Wissen dieser Humanwissenschaft so unschätzbar gefährlich.

Wir sind heute an einer Schwelle angelangt. Denn wir sind im Begriff, die letzten Geheimnisse des modernen Menschen an den Tag zu legen. Sein Sexualverhalten, seine geheimsten Wünsche, seine Hygienegewohnheiten, seine halbbewussten Verhaltungen, seine Idiosynkrasien, ja selbst seine Nahtoderfahrungen sind heute erforscht – und es bleibt vielleicht nur noch das Geheimnis des Geheimnisses selbst, seine Notwendigkeit näher unter die Lupe zu nehmen. Der deutsche Soziologe Georg Simmel – unser Gewährsmann durch all diese Zeilen hindurch – hatte einmal gesagt, dass das größte Geheimnis unter den Geheimnissen das *leere* Geheimnis sei, was nichts anderes ist als die «Geheimheit» des Geheimnisses.

Es wäre verwunderlich gewesen, wenn diese Wissensinflation beim Geld Halt gemacht hätte. Doch diese Herleitung täuscht. Sieht man sich um, so dominieren die ökonomisch-technischen Traktate – über die Geburt, die Entwicklung, die Natur des Geldes, über seine gesellschaftliche Funktion, seine kulturelle Bedeutung, sein Einfluss auf die Psyche – *so gut wie gar nichts*. Oder man spricht darüber, falsch, krumm, trivial und schlecht – um nicht über es sprechen zu müssen. Man inszeniert einen Scheindiskurs oder schickt virtuose Banausen ins Feld, die es beredt zerreden – und man ist so schlau wie je zuvor.

Gefährliche Begriffe wie das Geld haben es in sich: Um ihre Gefahr zu bannen, erzählt man sich Geldgeschichten. Dabei geht es eigentlich um ganz anderes als ums Geld. Es geht um die Verdeckung seines Geheimnisses, um die Illusion seiner Wirklichkeit. Genau das ist es, was Karl Marx einen *Fetisch* genannt hatte. Er dachte zwar, der Fetisch sei eine falsche Vorstellung, ein Gedankengespinst, das Verhältnisse vortäuscht, die der Mensch als natürliche wahrzunehmen glaubt, in Wahrheit aber Verhältnisse sind, die ganz seiner Natur zuwiderhandeln. Darin vermutete er eine bewusste, interessengeleitete, Irreführung, eine Verschwörung der Kapitalinteressen gegen die Naturkräfte der Arbeit. Das mag wohl in gewissen Fällen auch so gewesen sein und auch heute noch gelten. Doch glauben wir, dass diese Ansicht nicht bis zum Kern des Problems vorgedrungen ist. Nicht die fetischisierten Verhältnisse, die Tatsache also, dass man Warenbeziehungen als naturgemäße erkennt, sind das Problem, sondern ein dahinterliegendes Prinzip, das die menschlichen Gesellschaften seit ihrer Geburt im Banne hielten – und jetzt plötzlich, mit diesem monströsen zivilisatorischen Auswuchs der Moderne, außer Rand und Band geraten ist.

Das Geld ist der Fetisch. Es handelt und wirkt unablässig, es setzt sich durch, verwandelt Widerstände in Chancen, zerstreut Bedenken und Gedanken an es; es macht sich anheischig und unendlich nutzvoll, es agiert unablässig, durch alle Ritzen hindurch. Aber dieses Agieren, diese immerfort proklamierte Nützlichkeit hat ihre Schattenseite. Und sieht man sich um, so ist die Anzahl derer, die sich diesem Gespinst genähert haben, ein winziges Scherflein in der Gedankenprovinz. Nicht auf Ökonomie allein reduzierte Geldtheoretiker gibt es gegenwärtig auf dieser Welt nicht zwanzig – Geldpraktiker dagegen gibt es Milliarden. Auch dies ein Ausdruck des Fetischs.

In diesen Zeilen unternehme ich den Versuch, diesem Gespinst etwas näher zu kommen und dafür eine Reihe kleiner Portraits zu erstellen. Geldfragmente ohne System, Umkreisungen seiner Chiffren, Metaphern seiner Abwesenheit. Die Methode der Einzirkelung muss listig sein, sonst lässt es sich nicht bannen. Das Ziel ist nicht eine Geldtheorie, eine systematische Erhebung, eine wissenschaftliche Erhellung – es ist aber auch nicht eine Glosse, ein reines Amüsement, ein Lesevergnügen, sondern einer Spurensicherung. Wir versagen uns jeglichen Zitats – und weiß Gott sind Geldzitate Legion – sowie jeglicher literarischer Spurensicherung. Wer dies wünscht, dem sei das feinsinnige und gescheite Buch von Fritz Breithaupt, *Der Ich-Effekt des Geldes. Zur Geschichte einer Legitimationsfigur* (Fischer Taschenbuch 2008), wärmstens empfohlen.

Ist Geld der Fisch, der einem immer entwischt, so kann man immerhin seiner Spur folgen. Man kann Netze auswerfen oder geduldig dem Korken an der Angelrute zuschauen. Das wollen wir hier tun.

L'argent, cet inconnu

Ich bin im Thurgau aufgewachsen. Für andere Schweizer Kantonsangehörige ist dies der Kanton der Menschen mit den krummen Fingern. Der Thurgauer sei nicht nur geizig, er sei geradezu geldversessen. Alles, was er anschaue, betrachte er durch eine Geldbrille, mit Geldargusaugen. Alles, was er anfasse, kralle er an sich, als handele es sich um Geld. Sagt man. Wie dieser Mythos entstanden ist – denn es ist ganz und gar ein Mythos –, ist hier nicht einmal der Rede wert. Es wäre wahrlich zu *leger* den Geburtskanton für meine Fixierung aufs Geldthema verantwortlich zu machen.

Wir wohnten an der Fabrikstrasse, die zur Kammgarnspinnerei führte, im Obermeisterhaus. Ein großes Haus mit drei Stockwerken, wo man stundenlang *Versteckis* spielen konnte. Ein Haus voller Gänge, Treppen und Ecken, mit einem labyrinthischen Keller, einem doppelbödigen Estrich, in dem sogar noch eine Wohnung war, die *zugezimmert* wurde und in der ich ungebetene Gäste vermutete, die nachts raschelten. Von der näheren Umgebung ganz zu schweigen, die ich tagelang auskundschaftete, vom großen Garten mit seiner Laube auf dem Hügel, war dieses Haus für den kleinen Neugierigen eine endlose Stätte der Verwunderung. Ich *nüschelte* meine gesamte Kindheit hindurch. Und so fiel ich beim Durchstöbern der väterlichen Bibliothek, nebst vielen klassischen Bestsellern, auf ein seltsames Buch mit schwarzem Umschlag: *L'Homme, cet inconnu* (1935) von Alexis Carrel. Damals fragte ich mich, was denn am Menschen so unbekannt sein mochte, dass man darüber ein Buch schreiben müsse. Ich zerlas es ein wenig und fand es unendlich langweilig. Es war in einer Ecke, mit anderen Büchern, die mir verwehrt worden waren – deshalb konzentrierte ich mich vor allem auf diese Bücher. In Carrels Buch vermutete ich Ungeziemtes, Geschlechtsanfälliges, gar Unmoral, und deshalb stöberte ich vermutlich auch so fieberhaft darin herum. Und fand – nichts. Nur die Ahnung eines Geheimnisses, das ich nicht ausloten konnte. Immer wieder nahm ich es zur Hand und suchte zwischen den Zeilen. Von Genen war die Rede, von Evolution, von Medizin und großer Gesundheit – das mochte doch nicht alles gewesen sein. Im Gegenteil, hier wurde mir eine Geschichte erzählt, so meine Mutmaßung, damit ich einer anderen Geschichte nicht auf die Spur komme. Ja, was allmählich durch dieses seltsame Werk Kontur erhielt, war die Macht der *Diversion* – einer Vorreiterin des Fetischs.

Später vernahm ich, dass dieses zu den bestverkauften Sachbüchern aller Zeiten gehörte. Das Rezept war einfach: Dr. Carrel wusste in geschickter Art und Weise, die wichtigsten Erkenntnisse der Humanbiologie, der Genetik und der Medizin in ein packendes Gemisch aus Lebensreform, Utopismus und eugenischer Propaganda umzusetzen. Er wusste in süffiger Sprache von einem tabuisierten Thema zu berichten, ohne jedoch schockierend zu sein. Das Tabu war damals die Animalität des Menschen, oder der winzige Unterschied, der das Natur- vom Kulturwesen trennt. Dass dieser geniale Chirurg auch ein Rassist und ein Faschist war, wurde erst viel später bekannt. Auf jeden Fall erstellte er den Beweis, dass man durch Verdunkelung von Selbstverständlichkeiten einen Aha-Effekt erzielen kann – zumindest auf so junge Leser wie mich –, mit einem erstaunlich langen Echo.

Wir alle glauben über das Geld Bescheid zu wissen, eine weitere Selbstverständlichkeit. Und bis zu einem gewissen

Grade wissen wir auch darüber Bescheid. Wir wissen, wie damit zu hantieren ist, was sparen und ausgeben heißt; wir machen sogar Budgets, wir planen mit ihm, wir zahlen ab und zurück – aber es ist wie mit der Zeit des Hl. Augustinus: Je mehr man den Gegenstand befragt, desto unbekannter, ja unheimlicher wird er. Konnte Carrel noch mit Zellen, Genen und Organen auffahren, so können wir den Gegenstand Geld nehmen und drehen, ihn zerstückeln, ihn analysieren und phänomenologisch reduzieren – allein, es hilft nichts. Jede zusätzliche Erkenntnis wird zum Verhängnis, mehrt die Fragezeichen und die Zweifel. Wir wissen, dass wir immer mehr von ihm abhängen, dass sich in seinen Kulissen etwas abspielt, was mit unseren Existenzen zu tun hat, und es ist ein Gefühl von Unheimlichkeit, das uns beschleicht, von einer unfassbaren Macht, die nur aus Zahlen und Elektronen besteht, für die aber niemand verantwortlich zeichnen kann.

Unheimlichkeit kann man umgehen, sublimieren, rationalisieren – oder man kann ihr zusetzen, sie verfolgen, bis in die zugemauerte Gästewohnung. Das kostet Zeit und List. Sicher ist das Resultat in keinem Falle. Nur eins ist sicher, solange man die Unheimlichkeit verfolgt, ihr nachstellt, ihr Fallen stellt, befällt sie uns nicht. Wäre somit Schreiben genuin Bekämpfen der Angst?

Ja, mir scheint, dass der sichtbarste Effekt dieser Schrift durchaus therapeutisch sein kann. Sie will sich am Phantom dieser Zeit vergreifen, dem Phantom der Angst, das sich in allen Netzwerken eingenistet hat. Denn Angst ist der Preis dieser In-Ruhe-Gelassenheit, und dieser Preis ist ein zutiefst politischer. Angst führt zur Verwaisung der Öffentlichkeit, Angst macht dumm, aber vor allem ist sie ein Attentat auf die menschliche Würde. Und genau dies ist unvergütbar, unverkäuflich.

Geldbefreiung (I) – Von der Sorge

Bevor es zum Prozess der allgemeinen Gelassenheit kam, wurde Liberalität im weitesten Sinne geübt. Der Hauptgedanke dieser Liberalität, den ich hier entwickeln möchte, ist verhältnismäßig einfach. Er lässt sich auf zwei Thesen reduzieren. (1) Die Moderne kann als ein Zeitalter der Befreiung schlechthin verstanden werden: Befreiung von der Schuld, von der Sorge und der Existenzlast, Befreiung von der Gottesidee und dem göttlichen Blick, und nicht nur Befreiung von den Untertanverhältnissen, von den Jochen, vom Aberglauben. Die Moderne verspricht Entlastung, verspricht Leichtigkeit und Amüsement. Sie miniaturisiert, reduziert, minimiert – und das alles auf einen gemeinsamen Nenner. Dass nun dieser Nenner das Geld sei, das versteht sich von selbst *nicht*. *Wir* können es erblicken, wenn wir dazu in der Lage sind (retrospektiv scheint jeder Blick einfach zu sein, so einfach wie trügerisch); das war zu Beginn des 17. Jahrhunderts, als dieser Befreiungsprozess mit Namen Moderne begann, eine ganz und gar andere Sache. (2) Aber handkehrum ist die Neuzeit auch ein Prozess der Geldbefreiung; nicht nur wirtschaftlich, rechtlich oder kulturell, sondern auch moralisch, ästhetisch und *materiell*. Geld hat all seine Fesseln, all seine Gerüche, all seine Flüche und all seine Schwere verloren. Heute stinkt es nicht mehr, es wiegt nicht mehr, es ist nicht mehr mit allen Makeln der Symbolik und der Diabolik behaftet, es ist zu einem Äther geworden, zum Universalmedium. Was ich nun tun möchte ist: die grosse Befreiung, Moderne genannt, aus der kleinen Befreiung, der Geldbefreiung, abzuleiten. Es ist dies zugegebener Massen eine gewaltige These, eine These, die zudem sehr nach Monokausalität riecht, und es nützt nichts, zu sagen, dass ich mehr als dreißig Jahre daran gearbeitet habe. Man kann sich dreißig Jahre lang irren, und man weiß ja, je länger man irrt, desto mehr beharrt man auf seinem Irrtum. Doch selbst wenn es ein Irrtum ist, wollen wir ihn bis zu einem möglichen Ende führen. Kurz, der Stachel der Moderne, ihre Gewalt, ihre Ideologie und ihr Wachstum seien dem kontinuierlichen Befreiungskampf des Geldes zu «verdanken». Dass diese Befreiung ein zweischneidiges Schwert ist, wird niemand überraschen; doch niemand wird die Befreiung von den Fesseln rückgängig machen wollen – selbst nicht auf dem Altar allen durch Geld entstandenen Kummers, dem Prozess der Verkümmerung, dem Korollar der Gelassenheit.

Sagen wir es mit Nachdruck: Geld befreit von aller Last, ausgenommen der, es zu verdienen. Liberalismus und Liberalität ist immer nur dies: Entlastung. Entlastung hat zwei Seiten, die eine ist die Distanzierung von den (meist üblen) Zuständen des Lebens, die wir als *Gelassenheit* bezeichnen; die andere ist die Distanzierung vom Anderen (Menschen), die wir etwas unschicklich und nicht wertneutral als *Verkümmerung* titulieren wollen. Stimmt es nun, dass der Prozess der Geldbefreiung unaufhaltsam ist, so wäre in erster Analyse wohl Gelassenheit mit Verkümmerung zu *bezahlen*.

Die Befreiung von der Sorge – Der Unterschied zwischen dem Kummer und der Sorge ist am Geld gut abzulesen. Kummer habe ich, wenn ich jene verflixte Gasrechnung nicht bezahlen kann, Geldsorgen, wenn ich weiß, dass es nicht bei dieser einen Rechnung bleiben wird, dass eine Last auf Dauer besteht. Aber können wir leichterdings von Sorge sprechen? Ich glaube nicht. Ich glaube, dass Geld Kummer bereitet und vielleicht immer mehr Kummer; dass dieser Kummer aber nichts mit der Sorge zu tun hat, dass es somit verfänglich ist, von Geldsorgen zu sprechen. Denn von der Sorge lässt sich nicht unverbindlich sprechen und mit ihrer Sprache ihre Verheißung bannen. Die antike *Anangkè,* Schicksal und Gefahr zugleich, *lastet,* sie wiegt wie ein unsichtbares Gewicht, wie ein Alb, auf den Schultern jeden Seins. Ihrer Gravität verdanken wir es, ans Hier und Jetzt gebannt zu sein, aber auch, dass dieses Hier und Jetzt mit Sein gefüllt ist. Sorge ist unverschiebbare Last, die jeder selbst mit sich herumtragen muss. Auch wenn die Last viel zu groß ist, als dass wir sie einmal begrüßen könnten, verdanken wir ihr, ja, wir verdanken ihr, dass unser Sein hier und jetzt nicht *umsonst* ist. Möge diese Erdung eine Selbsttäuschung sein, es gilt allein, als Mensch, als Denkender und Fühlender, als Mitdenkender und Mitfühlender, dieses hässliche Gefühl von existentieller Leichtigkeit und Ungebundenheit nicht erleiden zu müssen.

Doch wir wissen – diese Zeit ist vorbei. Mit seiner eigenartigen Intuition hatte Milan Kundera diese moderne Leichtigkeit als unerträglich geschildert; und auch wenn er aus Überheblichkeit oder Lässigkeit diesem Gedanken nicht nachging, so gebührt ihm das seltene Verdienst, eine Epoche in ganz wenigen Worten gefasst zu haben, Leichtigkeit und Unerträglichkeit.

Was hier auf dem Spiel steht, nennt sich *Kontingenz.* Ein Kunstwort aus dem Mittelalter, um einen Zustand auszudrücken, der wohl möglich, aber nicht notwendig ist. Der klassische Schluss der Logik beinhaltete ja immer beides: die *conditio sufficiens* und die *conditio necessaria,* kurz: CNS. Die Leichtigkeit des Seins in unserem Zeitalter besteht darin, dass die CNS in CN und CS aufgelöst wurde und dass nur noch CN der Fall ist. Alles, was wir leben und erleben, alles, was unsere Wege kreuzt, was vorfällt, wonach wir streben, das alles scheint möglich zu sein, möglich, aber nicht ausreichend, ja fast zufällig, aber auf jeden Fall nicht zwingend. Es wäre also von einer Regression die Rede, wonach durch das Dahinfallen der Ausreichung nur die Möglichkeit übrig bliebe. Bitter ist sie, diese Notwendigkeit, weil sie unumgehbar ist und unausreichend zugleich. Ja, es ist eine bittere Leichtigkeit des Seins, welche die Schwere der Sorgenlast ersetzt hat.

Wie kann man damit fertig werden, zu wissen, dass alles, sein Schicksal, sein Wirken und Darben, diese ganze lebenslange Warterei und das Streben nach etwas, dass all das eigentlich nicht notwendig ist. Jahre vor Kundera hat dieses unersetzbare Genie von Robert Musil schon diese abgrundtiefe Bresche gesehen, zwischen dem Möglichkeitsmenschen, der wir sind, und dem Wirklichkeitsmenschen, der uns verlassen hat. Indem das Geld um sich greift, schafft es Möglichkeiten zuhauf – aber im Zuge dieser Potenzierung befällt uns immer mehr das Gefühl, dass dies alles eigentlich nicht nötig ist.

Müde winken wir ab, mit dieser typischen Geste der Scham, irgendein unverdientes Lob zu erhalten: ist doch alles nicht nötig. Nicht der Mühe wert. Man soll es doch lassen. Das Gesetz der zeitgenössischen Kontingenz ist also folgendes: Mit steigender Anzahl Möglichkeiten sinkt die Notwendigkeit jeder einzelnen.

Unsere neuzeitliche Kontingenz ist nicht nur, wie bei Kundera, das progressive Absacken in die Unverbindlichkeit; es ist die immer größer werdende Umnachtung durch ein anderes, massiveres Gefühl, das Gefühl der *Vergeblichkeit*. Sind wir unserer selbst müde geworden, wie der französische Essayist Alain Ehrenberg wirksam verkündete *(La fatigue d'être soi),* hat selbst ein massiver Geschichtsakt wie der Mauerdurchbruch von 1989 den Ruch von Schalheit, und vergleichen wir zynisch eine Revolution mit einem Benefizkonzert, so beruht diese Schindung jeden Werts – um mit Musil zu sprechen – auf der geistigen Großwetterlage der Vergeblichkeit. Doch während Musils Möglichkeitsmensch einer Krisensituation zuzuschreiben ist, einer Wetterlage, die wie viele andere wieder umkippen kann, ist unser heutiger Vergeblichkeitsmensch nicht mehr meteorologisch zu verstehen. Kein Azorenhoch, dessen Verlockungen uns wieder ins Lot bringen könnte, sondern ein Dauerzustand, der einhergeht mit dem Verlust von Geschichtlichkeit. Es ist nicht nur dieses Gefühl eines Daseins, einer Gesellschaft, einer Kultur, denen keine Notwendigkeit mehr zukommt, sondern das Gefühl einer Not, die man nicht mehr wenden kann.

Ein böser Gedanke – Als ich neulich zu meinem Zahnarzt fuhr, fragte ich mich – zunächst ganz naiv –, was denn dieser an sich sympathische und feinfühlige Mensch, der mich seit Jahren ohne größere Schmerzen und Ängste in meiner Zahn- und Zahnfleischkarriere begleitet, was dieser noch junge und sportlich aussehende Mensch, der lange, meist mühselige Studienjahre hinter sich gebracht hat, was er eigentlich vom Leben hat, welche Freuden, welche Hoffnungen, welche Projekte – *um den ganzen Tag in den Mündern aller möglichen Patienten herumzustochern.* Mich durchfuhr dieser böse Gedanke. Denn ich kam auf – *nichts.* Ich stellte mir alle möglichen Zeitvertriebe vor, ein Familienleben, irgendein spannendes Hobby, gar eine Perversion – aber ich fand nichts, was sich zu leben lohnte; zu leben, nach so hohen Investitionen und zu einem so hohen Preis. Was ich da so durchdachte, war anmaßend, aber die Frage war von zäher Unnachgiebigkeit. Was war in die Waagschale zu werfen, um ein Leben mit den Zähnen und durch die Zähne anderer Menschen aufzuwiegen? Welche Leidenschaft, welche Brunst? Ja, gar welches Opfer? … Und erst im Nachhinein wurde mir klar, dass ich es war, der durch die Formulierung dieser Frage, durch das Heraufkommen dieses bösen Gedankens, das Gespenst der Vergeblichkeit aufweckte. Mein Zahnarzt bohrte derweil munter drauflos, ganz auf mein Email konzentriert. Und es wurde klar, dass ich ihm wünschte, sich nie solch böse Fragen zu stellen, sein Lebensglück – oder zumindest ein nicht gar zu großes Lebensunglück – dem Umstand zu verdanken, sich nie solch dummer Fragerei zu ergeben. Enthalte dich der Frage, lieber Zahndoktor, denn wenn du einmal davon befallen bist, ist es dahin mit deiner Gelassenheit.

Doch genau solche Fragen hat sich der Soziologe zu stellen und sich dazu zu verurteilen, zunächst sich selbst gegenüber und dann seinen Gegenstand nur noch Vergeblichkeit erfahren zu können. Daher könnte es fast trostreich sein, zu wissen, dass nicht alle Zunftkollegen der gleichen Melancholie verfallen sind. Zelebrierten noch weiland Soziologen der Unverbindlichkeit die Multioptionalität, d. h. die immer größer werdende Dichte von Erscheinungen, Vielfalt von (Waren-) Angeboten, Schnelligkeit von Strecken, Entscheidungen und Schicksalen usw., so bemäkelten sie zwar das Übermaß oder gar die *Hybris,* vergaßen aber angesichts der Überfülle ihres eigenen Lustkonsums die rapide Aushöhlung all dieser Optionen. Melancholie oder Leere hieße dann die Alternative.

Doch kommen wir zurück zur Gasrechnung. Ich bin da, wie der Esel am Berg, mit der Rechnung vor Augen – und ich kann sie nicht bezahlen. Also muss ich mir etwas ausdenken: pumpen, abwarten, Rechnung verbrennen, Kleinkredit ersuchen usf. Geldsorgen haben hingegen repetitiven Charakter und einen langen Nachhall. Man weiß, dass nicht nur jetzt, sondern auch in Zukunft Rechnungen hereingeflogen kommen, die man nicht oder nur schwer begleichen wird. Es ist ein dumpfes Gefühl der Ausgesetztheit, eine latente Gefährdung aller Lebensbereiche, ein grauer Schleier, der alle Glücksmomente abstumpft. Der Kummer ist jäh; und man weiß, dass er ein Ende haben wird. Man zieht dem Kummer den Zahn, es tut weh, aber es geht vorbei. Nach dem Kummer scheint wieder die Sonne. Danach mag wieder ein Kummer kommen, aber man weiß, dass auch er seine Zeit hat und danach die Sonne wieder scheint. Nichts dergleichen mit der Sorge. Das wussten schon Elisabeth Müller und vor ihr Jeremias Gotthelf.

Die sechs Kummerbuben – Ich erinnere an die *Kummerbuben* (Film von Franz Schnyder, CH 1968, Buch von Elisabeth Müller). Gottfried und Sophie Kummer leben mit ihren sechs Buben frei und unabhängig in einem bescheidenen Häuschen auf dem Lande. Obschon das Häuschen weder Licht noch fließendes Wasser hat und es mit Holz geheizt werden muss, reicht der kleine Lohn des Vaters, der Bauhandlanger ist, nicht, um allen Verpflichtungen nachzukommen. Zumal der frühere Besitzer, Gemeindepräsident Lüthi, immer noch einen Schuldbrief auf das Häuschen hat, den die Familie Kummer verzinsen muss. Und dieser Zins macht der Familie Kummer das Leben schwer. Sorge, eben. Da taucht ein Fremder auf, ein Stadtbewohner, und dieser würde das Häuschen gerne als Ferienwohnung erwerben. Doch für die Kummers ist es ihr Heim! Gemeindepräsident Lüthi aber wittert ein großes Geschäft, verspricht dem Fremden das Haus und stellt gleichzeitig der Familie Kummer für den Zins eine letzte Zahlungsfrist bis Ende Monat. Da sind es die sechs Kummerbuben, die den Kampf aufnehmen, um ihr Häuschen zu retten. Im Häuschen selbst wohnt ein kinderloses Ehepaar als Zumieter. Der Mann (Ruedi Walter), selbst ein armer Tropf, steuert heimlich bei. Seine Gattin (Margit Rainer) ist von unvorstellbarer Härte und wohnt rührungslos diesem Kampfe bei. Auch vom Onkel aus der Stadt ist keine Hilfe zu erwarten. Die Geschichte ist ein erwartbares Fiasko. *Nomen est omen* – heißt man Kummer, so kann man getrost an seinem Namen zugrunde gehen.

Kummer ist auf einen Gegenstand bezogen, Sorge auf einen Horizont. Geldsorgen sind ein Kummer, von dem man weiß, dass er nie enden wird. Doch Sorge gibt unseren Existenzen eine Textur, eine Dichte, eine Bewandtnis. Durch ihre Brechungen hindurch wissen wir, was mit unseren Existenzen auf dem Spiel steht. Wir erhaschen Momente, Situationen, Begegnungen, die nicht durch Kontingenz erheitert, erleichtert und verstümmelt sind. Vor seinem Horizont erfahren wir, wenn auch nur kurz und wie nebenher, was der eigentliche Unterschied zwischen dem dumpfen Ding und der humanen Ausnahme ist: Gravität, als Ahnung des In-der-Welt-Seins, und als Weisung, diesem Sein aufrecht zu begegnen. Das macht den Kampf unserer sechs Kummerbuben so exemplarisch. Der Kampf gegen die Sorge gibt ihrem Streben einen Sinn, der keinem anderen Streben eigen ist. Sie wollen sich nicht bereichern, sie wollen nicht erobern, sich nicht rächen; sie wollen sich dieser Sorge stellen und sie überwinden.

Auch hier ist Geld im Spiel. Und hier wiegt der Kummer so schwer, weil nur Geld im Spiel ist. Der gierige Lüthi kennt kein Erbarmen, weil er nur seine Rappen zählen kann, denn sein Leben enthält nur noch diesen letzten Gefühlsreflex; die gefühlstote Zumieterin kennt kein Erbarmen, weil für sie jeder Rappen zu wenig die nackte Not bedeutet; der Mann aus der Stadt kennt kein Erbarmen, weil er keine Ahnung vom Drama hat, das sich abspielt, und weil ihn sein Geld vor dieser Wirklichkeit fern hält; und der Onkel aus der Stadt hat kein Erbarmen, weil ihm sein Nussgipfel wichtiger ist als das Schicksal seiner Familienangehörigen.

Hier bricht das Geld als Medium, das alles Vereinte trennt und alles Getrennte eint, in ein traditionelles Idyll ein. Die schrille Naivität der Autorin, Elisabeth Müller, kennt keine Vermittlung, nur die trostlose Konfrontation zweier Welten, die keine andere Brücke kennt als das Geld. Auf diese Formel werden wir noch zurückkommen, vorerst aber geht es um den Kummer.

Als man uns Buben die «Kummerbuben» vorlas, war das für mich eine bittersüße Frucht. Süß war die Gelegenheit, uns Buben, die keine Kummerbuben, sondern behütete Buben waren, überhaupt etwas vorzulesen. Und die Frau, die las, war aus dieser Welt, aus der Kummerbuben-Welt, und sie las kommentarlos, weil der Text genau diese Wirklichkeit beschrieb, die sie durchlebt hatte. So war sie eben, diese alte Welt, unerbittlich und zäh. Und ich erinnere mich noch an ihr Frohlocken, als Menschen auf dem Mond liefen, ihre Dankbarkeit einer Zivilisation gegenüber, die *das* möglich gemacht hatte. Aber diese Frucht mit den Kummerbuben war auch von großer Bitterkeit; denn wir verstanden nicht das Drama, wir behütete Buben, die nie (als Buben) diesen Kummer gekannt hatten. Die Bitterkeit kam vom absoluten Unverständnis: Wie konnte man so hart sein, wie konnte man Nussgipfel essen und dabei das Überleben einer ganzen Familie aufs Spiel setzen, wie konnte man aus Jux eine Ferienwohnung wollen, die ohnehin die ganze Zeit leer stünde? Wir hatten nicht einmal moralische, sondern schlicht logische Zweifel. Die Härte dieser Geschichte war unlogisch. Und trotzdem: Man weiß, dass dieser Kummer einmal ein Ende haben würde. Dass die Geschichte der Kummers, wie in so vielen Heimatromanen, nicht in einem Happyend enden würde, sondern in einem halbwegs Trost spendenden Kompromiss. Wie gesagt: Der Kummer hat einmal ein Ende, wie bei den Kummers, wenn auch kein schönes; die Sorge bleibt, oft unausgedrückt, dumpf und massiv.

Doch mit der Sorge ist es nun vorbei. Mit dem allmählichen Durchdringen der Kontingenz (man kann auch übersetzen, der Vergeblichkeit alles für notwendig Gehaltenen) in alle Lebensbereiche löst sie sich auf, schmilzt dahin und verwandelt sich in Dampf. Es gibt keine Härten mehr, keine Spitzen, und wenn auch die Lebenszustände *objektiv* so ungerecht-roh sind, wie zuvor, und auch wenn diese Verrohung weiter wächst, wie nie zuvor, werden diese Schroffheiten abgedämpft mit allen Mitteln der Apotheke und des Zeitvertriebs. Diese Gravitätslosigleit hat Vorzüge, und sie hat ihren Preis. Doch sprechen wir noch ein bisschen von der Sorge. Sie entschwindet ja, und ich vermute, dass es viele junge Menschen gibt, die nur noch die Sorglosigkeit kennen, aber von der Sorge keine Ahnung haben können. Punktuell füllt sich ihr Alltag mit Kummermomenten, jedes abgehakt auf einer Checkliste. Was sind die Chancen, was ist der Preis einer solchen kummervollen Sorglosigkeit? Ist es Leichtigkeit, ist es Verkümmerung, ist es gar beides?

Die Sorge war auf den Tod hin. Sie war auf die Unvordenkbarkeit eines Horizonts hin, auf den man sich nicht beziehen konnte, aber von dem man stets betroffen wurde. Der Kummer ist alltäglich; mürbe macht seine Wiederholung. Er schabt am Leben, an seinem Sinn, an seinen Kraftreserven. Aber bis zuletzt glaubt man an die Möglichkeit, diesen Schleier zu heben, diese Schwere zu lichten. Bis zuletzt stemmt man seine ganze Lebensgewalt gegen diese Hindernisse. Die Sorge hingegen ist unfassbar, und selbst in ihrer Unfassbarkeit noch unfassbar. Sie ist nur da, wie ein Schatten, der durch nichts ausgeblendet werden kann. Darin ist ein Schicksal begriffen, dessen Omen man nicht kennt. Gerne hätte man, wenn man die Sorge als Summe allen irdischen Kummers zusammenaddieren könnte, und es gibt sogar Sprachen, die nicht einmal den Unterschied zwischen beiden kennen. Im Französischen wird aus der Sorge, *le souci,* einfach *les soucis,* oder höchstens *les tracas,* um auf den Kummer zu weisen, wobei oft mit *les soucis matériels* unterstrichen wird, dass es sich nicht um die große, die existentielle Sorge, sondern um die kleinen, eben materiellen Sörglein handelt.

Nach der Sorge – Doch könnte man sagen, wir befänden uns heute in einem entsorgten Zeitalter. Man könnte dabei recht amüsante Sprachspiele über das Wort «Entsorgung» anstellen. Uranabfälle werden bekanntlich nicht gelagert, nicht wiederverwendet, nicht zerstört, sondern sie werden entsorgt, ich möchte fast meinen, sie werden einem vom Halse geschafft. Doch dies nur nebenbei. Sorgen schaffen Falten, aber bald wird es uns gelingen, faltenlos zu leben (am Rande bemerkt: Hat man schon erfasst, dass Silvio Belusconis Visage faltenlos ist, trotz des hohen Alters? Und dass sein Sex- oder Medienappeal just dieser faltenlosen Sorglosigkeit entspringt, die man fälschlicherweise für Jugendlichkeit hält?). Der Kummer bleibt, die Sorge schwindet. Ist es gar so, dass dieses Schwinden die kleinen Kummer an seine Stelle setzt? Die dann ins Exponentielle wachsen, jede Lappalie noch ein großer Schmerz, eine Verletzung bei jedem schrägen Blick, jedem direkten Wort. Es hat vermutlich auch mit dem Tod zu tun, dessen Instanz nicht mehr mit den Fragen nach dem Nichts, dem Ende, der Grenze zusammengebracht wird, sondern auch etwas mit Entsorgung zu tun hat: Wie schafft man die Leiche möglichst ohne Zwischenfälle weg? Und für sich: Wie steuert man die Grauzone vor dem Tod an, wie inszeniert man sein leises Erlöschen, auch ohne Zwischenfälle und Gejammer?

Lange schon hat die Verantwortung des Intellektuellen ausgedient – eben, weil er kein Gewicht mehr hat, keine Gravität. Nicht, dass er sich dieses Verlusts nicht bewusst geworden wäre; nein, er ist der Stelle verlustig geworden, die ihn noch vor Kurzem dazu befähigte, von solchen «letzten Dingen» zu sprechen. Ein Ernst Jünger noch, ein Vladimir Nabokov, ein Henry Roth ... Dennoch ist es richtig, ein Ende der Sorge zu diagnostizieren, eine Ende der *Anangkè,* ein «postanankastisches Zeitalter», wie dies der in Berlin lebende französische Philosoph Jean Clam verlautbart. Der Kummer bleibt, die Sorge schwindet. Das hat mit unserer Zeit zu tun, mit unserer progressiven Unfähigkeit, die Last der langen Frist, welche die Sorge untermauert, noch in den Griff zu bekommen. Ist es nicht gar so, dass die Schwere der Sorge, durch eine Vielzahl punktueller Kummer ersetzt wird, die unser Dasein auf die *Situation* feststellen? Die Sorglosigkeit ist *situativ,* auch wenn unser Leben im Kummer ertrinkt. Doch das behalten wir lieber für uns. Überhaupt ist alles situativ, und man möchte fast fragen, weshalb eine solche Evidenz es verdient, immer wieder betont zu werden.

Die Sorge gab unserem Dasein seine Dichte, seine Schwere und seine Struktur. Auch wenn ich Martin Heideggers Intuition nur halbwegs folge, indem ich diesen Sorgenhorizont nicht auf den Tod allein projizieren möchte, bleibt doch die fundamentale Einsicht, dass zumindest die westliche Seinserfahrung auf einem durch Sorge geprägten Daseinsentwurf beruht. Deshalb benütze ich auch das Adjektiv «gravitätisch», das mir diesen Entwurf am markantesten wiedergibt. Die Schwerelosigkeit des Seins, die einst Milan Kundera in einem seiner zahllosen Romane in Szene setzt, ist keine Oberflächlichkeit der Sinne, keine Entseelung der Gefühle, keine Vermassung der Wahrnehmungen, sondern das Verschwinden eines Zeithorizontes, in welchem die Abschattungen der Vergangenheit (Retentionen nach Husserl) definitiv rangiert wurden und die Projektionen der auf uns zukommenden Zeit (Protensionen nach Husserl) durch eine Myriade situativer Momentanerfahrungen zersetzt werden. Es gibt daher keinen Bewusstseinsfluss mehr, der von der Vergangenheit in die Zukunft führt. «Le futur est défuturisé, le passé est dépassé» – hat mir einmal ein Luxemburger Kollege geschrieben, als wir über Kredit diskutierten. Ja, die Vergangenheit ist aufgehoben und die Zukunft entschärft; und es ist nahezu banal zu sagen, dass in dieser neuen Zeitlichkeit das Geld eine ganz ausgezeichnete Rolle spielt.

Über die vier Ursprünge des Geldes und seine Bedeutungen

Geld – um eine Pointe Kenneth E. Bouldings zu benützen – ist ein viel zu ernster Gegenstand, als dass wir ihn Ökonomen allein anvertrauen könnten. Das wahre Drama ist aber, dass sich fast nur Ökonomen darum kümmern. Aber mit den drei Geldfunktionen, mit welchen sie uns abspeisen wollen, ist schon lange kein Staat mehr zu machen. Ein möglicher Weg, zu einem vernünftigeren Geldbegriff zu kommen, führt über seine Ursprünge.

Geldgeschichte war immer ein intrikates Gebiet, denn es verlangte eine Reihe äußerst verschiedener – numismatischer, philosophischer, ökonomischer, kulturanthropologischer usw. – Detailforschungen, die alle einen großen Deutungsspielraum offenließen. Lange Zeit überwog die Auffassung, dass das Geld als ein Tauscherleichterungsinstrument «erfunden» wurde. Erst allmählich wurde klar, dass diese Erklärung des Geldursprunges nicht nur bruchstückhaft, sondern falsch war. Doch lassen wir diese Erklärungen kurz Revue passieren und ziehen daraus die für unsere Thematik wichtigen Schlüsse.

Lange Zeit, *nachdem* die ersten Geldmünzen in Lydien in Umlauf gelangten, wurde im mediterranen Raum – selbst von Lydiern – noch Realtausch *(real barter)* praktiziert. Wären die Händler am Ursprung dieser Münzen gewesen, so hätten sie vermutlich nicht diesen beschwerlichen Realtausch auf sich genommen. Natürlich muss am Bestimmungsort das Geld akzeptiert werden; doch wenn man den Händlern eines attestieren muss, dann ist es ihr oft gescholtener Händlerwitz, die antike *mètis*. Es ist unschwierig zu sehen, dass der Übergang vom Real- zum Geldtausch für alle Parteien von Vorteil ist, vorausgesetzt es herrscht Vertrauen in seinen Wert. Die Tatsache nun, dass die ersten Währungen von griechischen Stadtstaaten ab dem 7 Jhd. v. u. Z. emittiert wurden, diese Stadtstaaten diesen Wert also garantierten, dass aber die Händler *nicht* sogleich diese Gelegenheit zur Erleichterung ihrer Tausche erfassten, besagt zweifaches: einmal, dass nicht sie am Ursprung des Geldes waren; und sodann, dass mindestens eine *öffentliche Macht* bei dieser Schöpfung beteiligt sein musste.

Dennoch überwog diese sogenannte Tauschfabel bis heute noch, insbesondere in den Lehrbüchern der Volkswirtschaftslehre – selbst dann noch, wenn man eines Besseren belehrt worden ist. Warum diese Hartnäckigkeit? Zum einen ist diese Erklärung einfach zu verstehen. Im Fachjargon würde man sagen: Geld wurde durch die Händler zwecks Senkung der Transaktionskosten erfunden. Sodann zementiert die Vorstellung, wonach der Tausch das Geld bestimmt (T ==> G), den Werkzeugcharakter des Letzteren. Viel heikler wird es, wenn man die Frage stellt, ob nicht auch umgekehrt das Geld den Tausch beeinflussen könnte (G ==> T). Dann nämlich verlöre das Geld seinen neutralen Charakter; es wäre nicht nur Werkzeug, sondern es wäre imstande, die Zirkulation der Waren zu verändern und so indirekt Einfluss auf den gesamten Wirtschaftsprozess zu nehmen. Es wäre somit Medium und Akteur zugleich. Die These der Geldneutralität ist der orthodoxe Standpunkt. Er möchte glaubhaft machen, dass Geld immer kontrolliert werden kann – sowohl quantitativ (z.B. durch Geldpolitik) als auch qualitativ (durch entsprechende Gesetze). Dass diese Kontrolle möglich ist, steht nicht zur Debatte. Was hingegen zur Debatte steht, ist die Frage, ob es realistisch ist, den umgekehrten Standpunkt zu negieren. Wie man weiß, hat es dieser «heterodoxe» – nicht nur von John M. Keynes, sondern von namhaften skandinavischen Ökonomen wie z.B. Knut Wicksell verfochtene – Standpunkt nie geschafft, ernsthaft in der Geldtheorie diskutiert zu werden. Deshalb wird auch die «Tauschfabel» unverdrossen beibehalten: Denn wenn schon am Ursprung das Geld eine Erfindung der Händler und der sie verbindenden Institutionen ist, dann hätte die Neutralitätsthese ein sozusagen «natürliches» Fundament. Es könnte jederzeit verändert, kontrolliert, angepasst werden. Es wäre wirklich nur ein Werkzeug ohne Zweckcharakter. Dem Geld hingegen eine «reale» Wirkung anzuerkennen hat etwas Beängstigendes: Denn hier verselbstständigt sich das Werkzeug, und man gelangt zu der Denkfigur der «Umkehrung der Zweckreihen», wo das Werkzeug die Hand ersetzt, die es vormals trug. Prometheus mutiert in Faust, mit Konsequenzen, die wir weiter unten noch sehen werden.

Soviel muss man jedoch den Geldhistorikern attestieren: Auch wenn sicherlich der Händlerwitz nicht unbedeutend bei der Verallgemeinerung eines neuen Tauschmediums mitgeholfen hat, so hat das «Tauschmärchen» heute ausgedient. Es sind mindestens drei andere Erklärungen, die herangezogen werden müssen, um etwas Licht ins Geldrätsel zu bringen.

Die erste Hypothese lautet: Opfersubstitution. Im Lateinischen heißt Geld *pecunia,* und *pecunia* kommt von *pecus,* dem Vieh, dem Ochsen. Und auf den ersten Münzen sieht man sehr oft das Sinnbild dieses Ochsen, Münzen, die man bezeichnenderweise in Opferstätten, wo Ochsen geopfert wurden, gefunden hat. Grabungen haben ergeben, dass ab dem 7. Jhd. v. u. Z. immer weniger Opferreste – vor allem die Knochen – gefunden wurden; dagegen aber merkwürdige runde Metallstücke, auf denen Ochsen eingestanzt waren. Der Schluss ist also naheliegend: Vom des realen Ochsen, ist man Zug um Zug zum fiktiven Ochsen übergegangen; die Priester behielten das Fleisch und opferten letztlich nur noch ein *Symbol.* Wir haben es hier noch nicht mit Geld zu tun (man spricht diesbezüglich von *Paläogeldern*), denn diese Metallstücke hatten nur eine Funktion: reale Ochsen gegen Ochsensymbole auszutauschen. Was hat das für uns zu bedeuten? Einmal, dass Geld ein imaginärer Gegenstand ist, der aus dem Nichts, sozusagen *ex nihilo,* geschaffen werden kann. Und ein andermal, dass kraft dieser Symbolfunktion Geld anstelle jedes anderen Gegenstandes gesetzt werden kann. D. h., Geld ist ein universal fungibles Mittel, das uns ermöglicht, Austauschbarkeit zum Charakteristikum jedes nur denkbaren Objekts anzusehen. Ob Ehre, Schuhe oder Melonen, ob Treue, Petrol oder Nuklearsprengköpfe – einmal als Symbol eingesetzt, ermöglicht uns Geld alle diese «Ressourcen» gegeneinander austauschbar zu machen. *Non olet,* sagte der Kaiser Vespasian zu seinem Sohn, der ihm vorwarf, für öffentliche Toiletten einen Benutzungsgebühr zu verlangen. Und er hatte damit völlig recht: Einmal als Symbol angewandt, stinkt das Geld nicht, es hat keinen Geruch.

Die zweite Hypothese lässt sich leicht aus der ersten ableiten, denn in diesen Opferstätten fand man auch seltsame Inschriften, die auf Buchhaltungen hinwiesen, welche die Priester für die Bauern und Händler ausführten. Es ist also auch naheliegend anzunehmen, dass diese Symbole dazu benutzt wurden, Maßeinheiten zu liefern, mit welchen Tauschtransaktionen geregelt wurden. Doch wo ein Maß ist, ist auch ein Staatswesen. Geld braucht eine *Anstalt,* einen Garanten; dass gerade die *Form* des Staates die Emission des Geldes durchführte, erstaunt nicht, denn es ist der Staat, der das Maß setzt, m. a. W., der es verbietet, dass die Priester auf eigene Faust definieren, was welchen Wert hat. Um Ordnung in diese Symbolwirtschaft zu bringen (und das heißt auch *Vertrauen* zu schaffen, dass diese Symbolwährungen nicht willkürlich bestimmt werden), setzt nun der Staat alles daran, diese Symbole selbst zu emittieren. Denn monetäre Souveränität ist immer auch staatliche Souveränität, das Vertrauen ins Geld immer auch ein Vertrauen in ein Staatswesen. Nur ein solches Wesen kann es sich erlauben, die Geldlegierungen zu fälschen – d. h. sich die sog. *Seigniorage* aneignen; wir dürfen dabei nicht vergessen, dass durchschnittlich 80 Prozent aller großen Feld- und Kreuzzüge bis in die Moderne durch diese Seigniorage finanziert wurden. Dabei ist die Vertrauensfrage ein zweiseitiges Schwert: Spielt man zu viel mit der Seigniorage-Geldpumpe, so verschwindet das gute Geld *(Gresham'sches Gesetz)* und es entstehen Parallelwährungen, welche das Vertrauen untergraben. Spielt man zu wenig, so ist man auf Plünderung oder Steuererhöhung angewiesen – auch dies ein ziemliches Risiko.

Ein letztes Element muss noch angeführt werden, um diese Ursprünge zu präzisieren. Es ist die Schuldwirtschaft und die Tatsache, dass Privateigentum existiert. Denn die in den griechischen Tempeln aufgefundenen Inschriften handeln in der Regel von Schuldkontrakten, die ein Bauer gegenüber einem anderen eingegangen ist. Die Buchhaltung dieser Schulden wurde bekanntlich in den Tempeln geführt, und die Priester rechneten mit diesen kleinen Ochsensymbolen ab – ohne dabei zu vergessen, ihren Obolus zu erheben. Diese Schuldkontrakte handeln von Weizenkörnern, die geborgt wurden, um einem anderen aus der Patsche zu helfen; und wer von Borgen spricht, spricht auch von Risikoprämien. Und wer von Risikoprämien spricht, spricht von *Zins*. Geld ermöglicht das Borgen auf Zeit, aber vor allem das Borgen *von* Zeit. Zins als Preis dieser geborgten Zeit enthält das Ferment des Wachstums: Denn wer eine geborgte Menge zurückerstatten muss, muss sie zurückerstatten *plus* der Risikoprämie. Diese von den deutschen Ökonomen Gunnar Heinsohn und Otto Steiger vertretene These ist insofern interessant, als sie Wachstum nicht so sehr mit Profitgier erklären, sondern durch den Schuldendruck. Ob eine Innovation oder betriebliche Strukturänderung vorfinanziert wird oder ob ein Unternehmer einfach eine Liquiditätsschwierigkeit überbrücken muss – sehr oft (um nicht zu sagen immer) ist wirtschaftliche Expansion das Resultat eines Risikokapitals.

Wir können also zusammenfassen: Damit Geld zum Geld wird, braucht es drei Aufgaben, welches das Geld ausführt: tauschen, messen und Wert aufbewahren; es braucht ein Gemeinwesen (oder eine Anstalt, oder einen Garanten), welches Vertrauen darin stiftet, dass diese Funktionen auch stabil bleiben; sein Einsatz dynamisiert aber die Wirtschaft (wo Geld ist, ist immer auch Zeit, ist immer auch Zins) und führt dazu, dass für heilig oder schützenswert gehaltene Sachen plötzlich zu Waren werden. Geld zersetzt aber nicht nur (es ist nicht nur *diabolisch*), sondern führt zu neuen Fügungen (es ist immer auch *symbolisch*). Diese Ambivalenz ist vielleicht das Schwierigste, was vom Geld zu denken ist: Geld trennt, um zu vereinen (es schafft aus Menschen Marktgänger, die nur zusammenkommen, um zu tauschen), aber es vereint auch, um zu trennen (es gibt jedem Marktteilnehmer eine Identität, eine besondere Individualität, es löst ihn von seinen abgestammten Bindungen, indem es ihm eine leichtere Bindung ermöglicht).

Wie wir später sehen werden, dauert diese Ambivalenz weiter an: Zwar schafft das e-Geld ein unsichtbares Netzwerk, dessen Macht wir völlig ausgeliefert sind, aber parallel dazu entwickeln sich sog. *Komplementärwährungen,* wo Menschen dank dem e-Geld wieder zusammenfinden (z.B. in Tauschzirkeln). Wie einst Friedrich von Hayek ausführte, ist die *Zahl* des Preises einer Ware ein Minimalcode, d. h. jenes Minimum, das ich wissen muss, um mit allen Menschen über alle Sachen kommunizieren zu können. Zwar wird dadurch die Reichhaltigkeit einer Sache – ihre Schönheit, ihre Geschichte, ihre symbolischen Züge usf. – aufs Äußerste reduziert, doch in einer Welt, in der wir regelrecht von Sachen übermannt werden, haben wir keine andere Wahl, als uns diese Sachen nur aus diesem rein zahlenmäßigen Fokus anzuschauen. Und hier kommt vielleicht das Wichtigste: So lange es verschiedene Gelder gab, so lange herrschte ein sprachliches Babel. Dieses Babel war an die Geld*materie* geknüpft, d. h. an sein materielles Substrat und an die konkreten raumzeitlichen Bedingungen, in welchen es stand. Man konnte also übers Geld universell kommunizieren, doch immer spielte auch ein diabolisches Sandkörnchen mit, um diese Kommunikation an die Realität zu binden. Die Bindung an die Materie, d. h. die Gesamtheit aller Beschränkungen, rechtlicher, politischer, kultureller, ökonomischer, technischer Art, war eine letzte Garantin für den minimalen Erhalt dieser Ästhetik, dieser Minimalwahrnehmung der Wirklichkeit.

So gesehen ist Globalisierung – hier die These – kein Prozess *per se,* der einem geopolitischen oder schlicht einem weltwirtschaftlichen Willen zu verdanken ist, sondern lediglich der Ausdruck dessen, dass das Geld zu einem entstofflichten Universalmedium geworden ist. Bevor es Welthandelsinstanzen überhaupt «wollten», sind wir in die Globalisierung hineingeschlittert. Der Unterschied zwischen diesem Wollen und dem Hineinschlittern ist lediglich, dass das eine so tut, als ob die Konsequenzen der Globalisierung absehbar wären, das andere es für ein Gebot der Nüchternheit hält, zu bekennen, dass von nun an jede Form von Absehbarkeit einer groben Sinnestäuschung unterliegt.

Globalkrise

Auch wenn viel der hier zusammengeführten Fragmente bis tief ins 20. Jahrhundert zurückreichen, so wurde dieser Text mehrheitlich kurz vor und während der Globalkrise 2008 bis 2010 geschrieben. Man könnte fast sagen, dass er das Ausmaß der Ahnungslosigkeit darstellt, mit welcher dieser Krise begegnet wurde. Dennoch, seit Schaffung (1971–1973) und Aufblähung der monetären Seifenblase, spätestens seit 1989, als das Verhältnis zwischen globalem Sozialprodukt und globaler Geldmenge auf ein Verhältnis von 1:300 anschwoll, musste mit einem Platzen dieser Seifenblase gerechnet werden (auf die Technik des Seifenblasenblasens werde ich noch später zu sprechen kommen). Dass es 2008 in einem ganz bestimmten Sektor, nämlich dem amerikanischen Hypothekarmarkt für Privatbauten, losgehen würde, erstaunt nicht. Hätte sich eine internationale Überwachungsbehörde die fragilsten Teile der globalen Geldstruktur vorgenommen – Behörden dieser Art gibt es genug, nur eben keine globale Geldobservation –, dann hätte ein solches Frühwarnsystem ohne Weiteres Alarm schlagen können. Nein, das Malheur ist geschehen und hat die Menschheit in die wohl schlimmste Wirtschaftskrise aller Zeiten gestürzt.

Angesichts eines solchen Einschnitts ist es natürlich nicht von geringem Interesse, zu wissen, wie naiv man vor diesen Ereignissen war. Anlässlich eines Vortrags, den ich *nach* diesen Ereignissen hielt, fiel mir zunächst intuitiv nur die Formel «es darf (nicht mehr) gelacht werden» ein. Will heißen: Es ist nicht mehr an der Zeit, mit allerlei Glossen und Bonmots (die Literatur strotzt davon) übers Geld aufzufahren; Geistelei und vor allem Schöngeistelei sollte man tunlichst vermeiden. Doch das ist nur eine sehr oberflächliche Maßnahme. Dass es heute nichts mehr zum Lachen gibt, ist wohl jedermann klar. Das Gebot dieser Zeit ist ein anderes (und dieses kleine Buch will lediglich auf die Notwendigkeit eines solchen Gebots eingehen); es geht nicht mehr darum, Glossen zu schreiben, sondern um ein angestrengtes analytisches Einkreisen des Phänomens. Das hört sich übernüchtern an und fast pompös. Doch Nüchternheit fanden wir schon weiland als HSG-Studenten in Claus Köhlers *Finanzpolitik* – und sie hat uns herzlich wenig geholfen. Denn wir wissen, dass genau *diese* Nüchternheit nicht mehr ausreicht, um dem Geldphänomen Herr zu werden. Dass diese Nüchternheit von Fachexperten, mögen sie zum «Rat der Weisen» gehören, eine unfassbare Naivität darstellt, ja gar eine kriminelle Naivität – tut man, als Nüchterner, doch so, als ob man die Sache verstünde, als ob die nüchterne Sache nur Nüchternheit verlangte, um sie in den Griff zu bekommen. Zur Übernüchternheit, die wir hier veranschlagen, gehört, nicht unironisch über Nüchterne zu sprechen. Und es gehört dazu, neue Wege, neue Methoden, neue Listen zu finden, um der Natur der Sache auf die Schliche zu kommen.

Angesichts einer solchen Krise und ihrer katastrophalen Auswirkungen kommt man nicht umhin, Grundsatzfragen zu stellen. Oder man glaubt es zumindest zu können. Betrachtet man aber die Krise in ihrem zeitlichen Ablauf, dann stößt man auf die relativ störende Tatsache, dass die Fragen zur Krise stets gewechselt wurden. Mit jeder neuen Ramponierung der Maßnahmenpakete stellen sich neue Fragen, die urplötzlich die alten, für grundsätzlich gehaltenen, in ein schiefes Licht stellen. Man müsse den Finanzkapitalismus reformieren, gar abschaffen, den Bankensektor verstaatlichen, man müsse spekulative Gewinne massiv besteuern, gar das Fixing an der Börse nicht auf Mikrosekunden-, sondern auf Monatsbasis festlegen. Urplötzlich gelten die Maastrichter Abkommen nicht mehr (es ist gar unschicklich geworden, von ihnen zu sprechen), man spricht von staatlicher Budgetsanierung, als ob dieses Thema nie ein Thema gewesen wäre, von neuen Steuern, die früher nicht einmal denkbar waren; man spricht sogar von staatlichem Bankrott, obwohl man genau weiß, dass es so etwas nicht geben kann.

Und es sind immer dieselben, die reden, die raten, die ratschlagen. Und die dafür sorgen, dass andere Fragen, vielleicht der Natur der Sache nach wesentlichere, nicht gestellt werden. Denn der Frage nach der Natur des Geldes muss unbedingt und unentwegt nachgegangen werden, und im gleichen Zuge auch der Frage nach der Legitimität der Neuzeit, d. h. der historischen Berechtigung einer Epoche, die nicht nur materiell (ökologisch), sondern moralisch, menschlich, kulturell und sozial die Menschheit vor einen unabsehbaren Abgrund gebracht hat. Das mag nun pathetisch klingen, ganz im Gegensatz zur Nüchternheit der Sachverständigen. Doch *pathos* meinte ursprünglich Distanz. Und was diese Nüchternheit so trostlos macht, ist dass Distanz nur der Form nach geübt wird, derweil der Experte noch ganz an der Wirklichkeit klebt.

Einer, der die Moderne aus der ihr gebührenden Distanz zu deuten pflegte, ohne jedoch sich des Pathos' zu erwehren, war der deutsche Essayist Walter Benjamin. Ich lese in einer Biographie über ihn folgende Zeilen:

«Conscient de l'absolue nécessité de changer radicalement l'ordre dominant, il va se révéler incapable d'aller au bout de

ses engagements» (Tackels 2009, S. 20). – (Er war sich der absoluten Notwendigkeit, die herrschende Ordnung radikal zu verändern, bewusst wie kein anderer, doch er war unfähig, sein Engagement einzulösen.)

Mich hat besonders der erste Teilsatz getroffen, dieses bedingungslose Bewusstsein, die Einsicht in die absolute Notwendigkeit, mit der herrschenden Unordnung *radikal* abrechnen zu *müssen,* keine andere Wahl mehr zu haben, als diese, genau diese Arbeit zu verrichten. Dieses Bewusstsein, von Benjamin in den frühen 30er-Jahren formuliert, also noch vor Hitler, vor Kenntnis der Stalin'schen Gewaltsorgien, aber im gleichen Kontext eines Zusammenbruchs weiter Teile der Wirtschaft, im zunehmenden Marasmus der Weimarer Zustände, *dieses Bewusstsein existiert heute nicht mehr.* Es ist, als ob man mit aller Gewalt nur schon den Gestus des Saldierens verdrängen wollte; nur keine Abrechnung, nur keine Standortbestimmung, nur keine definitiven Sätze.

Naiv klingt der zweite Teilsatz, kreist ja die ganze Tragik der Frankfurter Schule um das irrsinnige Paradoxon einer notwendigen Überwindung der tatsächlichen Katastrophe und der realen Unmöglichkeit, es zu tun. Ja, wir befinden uns in einer postrevolutionären Epoche, daran ist nicht mehr zu deuteln. Mögen die Lebensverhältnisse der armen Leute durch die Krise noch verschärft werden, möge das Leid, die Sorge und die Angst bis ins Unfassbare sich steigern, die «Massen» werden nicht mehr aufstehen und die Strassen besetzen. Ereignete sich die einzige «wirkliche» Revolution, die Oktober-Revolution, zum falschen Zeitpunkt, am falschen Ort, aus falschen Gründen und durch die falschen Akteure, so wäre es doch des Teufels, dass genau jetzt, wo wirklich alle Gründe dazu vorhanden sind, diese Revolution real einträte.

Nein, was eine Reihe deutscher und französischer Historiker verschiedenster Obedienz schon anlässlich der Weimarer Republik vorlegten, ist die ernüchternde Tatsache, dass dieser Gedanke einer revolutionären *Tabula rasa* heute nicht mehr träumbar ist, weil diese Tabula ein System von ungeheurer Komplexität darstellt, mit Mächten, Gegenmächten, Versicherungen und Rückversicherungen, Teilsystemen, Rädchen aller Art und Institutionen, die sich überlappen, unterstützen, kompensieren, angreifen, verteidigen, mit Experten und Expertensystemen, Spionen, Drohnen und Kontrollinstanzen, die dermaßen miteinander verstrickt, verschränkt und verdrahtet sind, dass so etwas wie eine gewaltige Umwälzung, die auf einen Schlag all diese feingliedrige Komplexität revolutioniert, schlichtweg undenkbar ist.

Schön war der Gedanke, romantisch und rein, der Gedanke des radikalen Aufwischs, des Neuanfangs, aber er taugte leider nur in sehr einfachen Verhältnissen. Und zu welch Gräueltaten selbst «einfache Verhältnisse» verleiten können, haben uns die Roten Khmer vor bald 40 Jahren drastisch dargestellt. Dieser schreckliche Gedanke des ein für allemal verpassten Augenblicks, gar der grundsätzlichen Illusion der Revolutionsidee, kam mir beim Lesen einer Geschichte der Weimarer Republik, deren Autor, Detlev J.G. Peukert, ein glänzender, kritischer Historiker, bekannte, dass schon damals, nach der Krise von 1929, die gesellschaftlichen Verhältnisse zu komplex, zu verschachtelt waren, als dass eine Massenrevolution im Marx'schen Sinne sie hätte zu Fall bringen können. Seit 80 Jahren nun haben die mörderischsten und irrationalsten Kräfte, die je in der Menschheitsgeschichte anzutreffen waren, nichts daran ändern können, dass *von Innen her* unser Wirtschafts- und Gesellschaftssystem an Komplexität und Differenzierung zugenommen hat, was hier, in unserem Zusammenhang, nur heißen kann: Es hat sich von innen her immens solidifiziert, und das kann wiederum nur heißen: Auch bei objektivem Untergang dieser Welt bleibt die monströse *Gelassenheit,* dass alles beim Alten bleiben wird.

An diesem Paradoxon ist die Frankfurter Schule, deren tragische Figur Walter Benjamin war, zugrunde gegangen, und mit ihr eine der letzten Hoffnungen, die kapitalistische Not in ein Besseres wenden zu können. Denn heute sucht man vergebens nach einer Theorie, die angesichts dieser globalen Zustände untergehen könnte ... Heute gibt es allerhöchstens und bezeichnenderweise nur noch einen Peter Sloterdijk, der nichts anderes kann, als sich lustig zu machen über die Frankfurter.

Doch die Fragen bleiben, sie stellen sich unablässig; selbst dann, und vielleicht selbst dann mit umso größerer Macht, je weniger Hoffnung auf eine mögliche Erlösung besteht. Was hält all dies zusammen? Welches paradoxe Prinzip?

Tun wir nicht so, als ob wir die Antwort schon wüssten, es ausreichen würde, das Wort «Geld» auszusprechen – wo wir doch kaum wissen, was dieses Wort eigentlich bedeutet, wo wir es nur mit größter Schwierigkeit aussprechen sollten. Wir haben keine andere Wahl, als die Analyse umzukehren; zunächst die Situation schildern und dann die für uns, Soziologen, zentrale Frage stellen: Was hält das alles (trotzdem!) zusammen, wie schaffen wir es (trotzdem!), Erwartungen zu haben und darauf zu vertrauen, und erst nach der Analyse dieser beiden Fragen uns damit zu beschäftigen, ob es eine Idee ist, ein Gegenstand, oder ein Gemisch von beidem (wie wir vermuten) und welche Konsequenzen ein solches System für uns Menschen haben kann.

Produktion oder Zirkulation?

Eine Geschichte der Macht und der Diabolik des Geldes gilt es erst noch zu schreiben. In dieser Geschichte würde das 19. Jahrhundert als das Münzjahrhundert erscheinen, als das Jahrhundert, in welchem das materielle, harte Geld sowohl zelebriert als auch verdammt wurde. Kein geringerer Autor als Honoré de Balzac setzt das Geld als Hauptakteur in seinen Romanen ein. Es ist dies der Mammon, der alle anzieht und wieder abstößt, der alle Bedürfnisse in endlose Gelüste verwandelt, der alles erreichbar macht und dessen Erreichung wiederum zerstört. Die Faszination, die das Geld ausübt, überwölbte das ganze 19. Jahrhundert – es ist seine Glaskuppel, unter der die moderne Wirtschaft wie im Treibhaus prosperiert – künstlich, aufgeregt und hektisch. Balzac, zeitlebens in unsaubere Geldgeschäfte verstrickt, zeitlebens seine Affären und seinen Luxuskonsum durch Überschuldung finanzierend, arbeitet nicht nur für Geld, nein, seine Romanhelden sind alles Geldcharaktere, sind personifizierte Chrematistiker, oder, wenn man Vespasians *Non olet* zur Grundlage nimmt, sind es *Oletisten.* Seine Galerie kennt nur einen Wert, oder vielmehr nur ein Indiz: der Geldschatz dividiert durch die Liederlichkeit, wie er benützt wird. Je größer der Schatz, je größer die Liederlichkeit, um so beneidenswerter der Charakter. Am anderen Extrem finden wir die Perhorreszierer des Geldes, jene Non-Oletisten, die nicht nur darauf spucken, sondern für die es des Teufels ist. Während Balzac in guter Gesellschaft all der Zeilengeldler des Jahrhunderts ist, all der

Journalisten, Kolumnisten und Schnellschreiber, welche Schriftstellerei wie ein Börsengeschäft betrachten, zählt man kaum noch die Anti-Mammonisten, die Kleriker, die Romantiker, die Naturreformer, die Sozialisten, die guten Seelen und schlechten Zahler, alle haben sie sich auf das Geld eingeschossen. Über die Verdammung des Geldes Einigkeit zu erzielen ist fast so unverdächtig, wie vom Wetter zu sprechen. Dabei ist das 19. Jahrhundert das Jahrhundert des zügellosesten Kapitalismus. Wie ist das zu verstehen?

Es hat unweigerlich damit zu tun, dass im Zuge dieses Jahrhunderts die faustische Seite des Kapitalismus von ihrer prometheischen fast vollständig ausgeblendet worden ist. Zumindest in den Fortschrittsdiskursen des 19. Jahrhunderts wird ganz klar zwischen einer gesunden, allen zum Vorteil kommenden, Wirtschaft und einem Schattenreich gesprochen. Nur ein Genie wie Goethe konnte der Wahrheit auf die Spur kommen. Und er tat dies noch weitgehend allegorisch und im breiten Zusammenhang des faustischen Mythos', den er ja nur weiterschrieb. Die ganze Dramatik des faustischen Prozesses war zu seinen Lebzeiten noch nicht ausgebrochen, Goethe also konnte wie ein ferner Warner gelten, der selbst dem Prometheismus huldigte. Nein, das 19. Jahrhundert war so sehr von Prometheus beeindruckt, dass für Faust nur die Rolle des Narren übrig blieb. Ein Narr, dem man bequem huldigen und den man genauso bequem verdammen konnte. Nur hat der Narr seine Freiheit. Und so wirkungslos ein Hofnarr agiert, so fulminanter gebiert die Freiheit des Geldes ein Monstrum, das schnell außer Kontrolle kommt. Wie immer ist die Situation paradox: Es waren die Schriftsteller des 19. Jahrhunderts, die wohl das schärfste Sensorium fürs Geld hatten. Das verwundert auch nicht angesichts der wirtschaftlichen Zustände der Epoche. Nur während die Oletisten wie

Balzac oder Dostojewski näher am Puls saßen als die Non-Oletisten, huldigten sie aber einer Kultur, welche den Dämon, der sie schließlich auffressen wird, immer mehr befreite, während die Non-Oletisten, man denke an Léon Bloy, an John Ruskin, an Charles Péguy und allen voran an Marx, diese Gefahr bannen wollten, jedoch vom Geld einen (allerbestens) naiven Begriff hatten. Geld war die Pest des 19. Jahrhunderts. Eine geistige Pest, die verdeckt agierte, wie jede Mentalseuche. Es ist daher nicht verwunderlich, wenn das Jahrhundert mit einem Geld-Bestseller endet, Simmels *Philosophie des Geldes.* Ich sage es mit Bedacht: Dieses Buch beendet das Jahrhundert, und es eröffnet das neue Jahrhundert mit einer Reihe von Fragen, die bislang noch einer Antwort harren.

Ein kleiner Einschub in eigener Sache. Abendländisches Denken ist durch und durch dem Titanen Prometheus verpflichtet; Prometheus, dem Planvollen, dem Vor-Sichtigen, dem Macher. Geld aber ist keine prometheische, sondern eine faustische Erfindung. Es ist keine Hervorbringung neuer Werkzeuge und Wirklichkeiten, sondern ein Spiel mit ihren Möglichkeiten. Geld erfordert daher ein Denken in Bezügen. Nur sehr wenige haben sich an diesen Gegenstand herangewagt. Allen zuvor Goethe in seinem kongenialen *Faust II,* gefolgt von Karl Marx, dessen *Kapital* das Drama zwischen Prometheus und Faust auf die Spitze brachte, und schliesslich der Berliner Philosoph und Soziologe Georg Simmel (1858-1918), dessen *Philosophie des Geldes* (1900) die bislang unübertroffene Analyse des Zusammenhangs zwischen Geld und Moderne darstellt.

Es ist hier nicht der Ort, um diesen *Torso* darzustellen. Ich möchte nur einen Gedanken Simmels aufgreifen und ihn in die Welt der elektronischen Zahlungsmedien überführen.

Die These ist, dass mit zunehmender Entstofflichung des Geldes auch eine zunehmende Verallgemeinerung der drei monetären Hauptfunktionen stattfindet:

a) Geld wird immer tauschbarer; je leichter es bewegt werden kann, desto mehr wird es zu einem universellen Tauschmedium. Doch, und hier ist Simmels Pointe, je universeller dieses Werkzeug wird, desto mehr wird es auch zum Zweck, es wird zum «Geltenden schlechthin». Als Werkzeug der Werkzeuge verkörpert das Geld den in Anlehnung an Simmel von seinem Freund Max Weber festgestellten Haupttrend der Modernen, der «Verkehrung der Zwecke»: Das Werkzeug steht dem Menschen nicht mehr zur Hand, es ist nicht mehr «zuhanden», sondern der Mensch wird seine Verlängerung, und so wird er auch zur Verlängerung des Geldes, zur Geldprothese.

b) Im gleichen Sinn wird das Geld auch immer «Maß»-voller, aber auch maßloser. Wird es einmal zu diesem Universalmedium, so wird es zum Maß der Masse, zur Universalwährung, was umgekehrt auch heißt, dass etwas, was nicht in Geld gemessen werden kann (Freundschaft, Liebe, Ehre usw.) zunehmend wert-loser wird. Dabei lauert auch eine andere Gefahr, denn Geld besitzt diese (Un-)Eigenschaft, zur Maßlosigkeit (zur Pleonexie) anzustacheln. Schon Aristoteles hatte dies gesehen, indem er bekanntlich einen «ökonomischen» von einem «chrematistischen» Gebrauch des Geldes unterschied: *Ökonomisch* ist sein Gebrauch, wenn es der Arbeitsteilung der *polis* dient; dagegen ist sein Gebrauch *«chrematistisch»,* wenn Geld zum alleinigen Zweck der Bereicherung dient. Bereicherung *per se* ist nach Aristoteles nicht verwerflich; doch was ihm zufolge die *polis* bedroht, ist ihre Maßlosigkeit. Und deshalb besteht immer ein Dilemma: Als Maß aller Masse ist Geld selbst maßlos. Solange nun Geldschöpfung an ein materielles

Substrat (Gold, Silber, Kupfer) gebunden war, konnte diese Maßlosigkeit nur durch Gaunerei oder Plünderung realisiert werden; dematerialisiert sich das Geld, hingegen, reduzieren sich die Geldschöpfungskosten asymptotisch gegen null, so kann diese Maßlosigkeit nur gesetzlich-politisch im Zaume gehalten werden. D. h. nichts anderes, als dass Geld immer bewirtschaftet sein muss, dass Geldpolitik als Kunst der Beschränkung seiner Maßlosigkeit nicht nur ein wirtschaftliches, sondern ein gesellschaftliches Erfordernis ist.

c) Dieses Dilemma finden wir in anderer Form in der dritten, der Wertaufbewahrungsfunktion, des Geldes. Je «leichter» es wiegt, desto leichter ist es aufzubewahren. Die Geldhaltungskosten tendieren auch hier gegen null, jedoch reduziert sich im Zuge der Geldschöpfung der reale, gegen Sachmittel austauschbare, Anteil des Geldes. Dazu kommt das, was Simmel das «Superadditum des Geldes» genannt hat und eine eigentliche Perversion darstellt: Je mehr Geld man hat, desto einträglicher kann man es anlegen und somit vermehren. Steht immer weniger realen Gütern immer mehr Geld gegenüber, so verändert sich der Machtcharakter des Geldes. Je weniger man seine Kaufmacht auf Güter beziehen kann, desto mehr verbürgt das Geld ein reines Machtpotential: nicht nur über reale Güter, sondern über Menschen, Gruppen und Gesellschaften. Zeichneten sich traditionelle Gesellschaften dadurch aus, dass das Medium Macht am Ursprung des Mediums Geld war (der Mächtige goss vor allem sein Geld, um die Seignoriage abzusahnen), so charakterisiert sich die Moderne dadurch, dass jetzt umgekehrt Geld Macht begründet. Diese Macht besteht nicht bloß in der Unfähigkeit, für sein Geld keinen Gegenwert mehr zu erhalten; es ist auch und vor allem die Erkenntnis, dass menschlicher Wille gekauft werden kann.

Wirtschaftliche Dynamik kennt daher im Kapitalismus zwei Grundelemente: das Kapitalprinzip und die Entstofflichung des Geldes. Über das Kapitalprinzip – mochte es rein technisch bedingt, mochte es reinste Ausbeutung, mochte es der Stachel der unternehmerischen Dynamik sein – ist tonnenweise Tinte verschüttet worden. Doch Georg Simmel ist es zu verdanken, diese Macht des Geldes im Zuge seiner Dematerialisierung als eigentliche Verkörperung der Modernen verstanden zu haben. Und das ist m. E. von weitaus revolutionärerer Neuartigkeit als das gesamte Marx'sche Epos. Er hat damit eine Erklärung der Geschichte geleistet, die bislang nicht gewagt worden war und bis heute noch kaum ausgewertet worden ist.

Traditionellerweise wurde der Gang der Geschichte entweder als ein Kampf der Ideen oder als die Schaffung neuer Tatsachen (Innovationen) verstanden. Der Gang der Geschichte wurde somit einzig und allein auf Prometheus' Schultern abgehandelt. Dass der geschichtliche Wandel nun das Werk des genialen Erfinders, des mutigen Forschers, des sparsamen Kapitalisten, der seine Gewinne reinvestiert, das alles kann nicht in Abrede gestellt werden. Diese Erklärung nennen wir *Produktivismus* – und sie ist *bis zu einem gewissen Punkte* auch richtig. Der Haken daran ist nur, dass für die Einschätzung *unserer heutigen Situation* diese Erklärung nicht nur nicht ausreicht, sondern einer anderen Erklärung im Wege steht. Denn was nun auf Simmels (oder Fausts) Schultern gewagt werden kann, ist die geschichtliche Deutung der *Verkehrsformen;* die Hypothese nämlich, dass der geschichtliche Wandel nicht einer Veränderung von Wissen und Technik zuzuschreiben sei, sondern einer Transformation der Tauschformen, d. h. der *Zirkulation von Menschen und Dingen*. Dass das Geld darin an prominenter Stelle ist, wäre schwer zu bezweifeln. Ich will dies an einem Beispiel darlegen.

Nehmen wir zum Beispiel die Erfindung des Wechsels im späten Mittelalter. Wollte man anno 1100 von Lyon nach Genua gehen, um dort sein Garn gegen Oliven einzutauschen, so nahm man eine recht abenteuerliche Reise auf sich. Europa war damals ein einziger, mit Banditen und Wegelagerern bevölkerter Wald. Eine solche Reise konnte nur unter gesicherter Eskorte gelingen, was hohe Transaktionskosten verursachte. Ob man nun Gold oder Garn auf sich trug, man konnte nie sicher sein, ob diese Reise auch gut ausging. Die Erfindung des Wechsels, der darin bestand, einen schlichten Papierzettel auf sich zu tragen, der nur am Bestimmungsort auf den Namen des Wechselträgers indossiert werden konnte, führte dazu, dass die Briganten, selbst nach geglücktem Raubzug, nichts mit diesem Papier anfangen konnten. Zwar konnten sie den Händler ermorden oder ihn als Geisel zurückhalten, der einfache Beutezug aber, den sie früher machen konnten, blieb ihnen verwehrt. Durch die Erfindung eines Buchgeldes wurde somit der Handel durch ganz Europa sicherer, er ging schneller und vor allem billiger vonstatten. Das schwere Edelmetall musste nicht mehr mitgetragen werden, und ganz allgemein halbierte man das Gewicht des transportierten Gutes gemessen am Naturaltausch. Erst durch diese Erfindung kam eigentlich der Handel im Spätmittelalter wieder in Bewegung. Eine ganze Wechselwirtschaft entwickelte sich, mit speziellen Kontoren, wo man sein Wechsel gegen Geld eintauschen konnte. Hier kann man eigentlich den Beginn der modernen Bank ansiedeln, denn mit Wechselwirtschaft kam – trotz kirchlichen Hürden gegen den Geldzins – die Kreditwirtschaft in Betrieb. Zwar unterlag das Zinsnehmen sehr harten Zwängen – und konnte lange Zeit nur von Juden ausgeübt werden, doch Zug um Zug überspann Europa ein ganzes Netz von Handels- und monetären Beziehungen, die allmählich wieder erste Zeichen von Zivilisation nach dieser düsteren Epoche setzten. Doch ein Anderes kommt noch hinzu: Damit ein Wechsel überhaupt akzeptiert wurde (in der Wechselsprache spricht man nicht ohne Grund von einem Akzept), brauchte es ein gegenseitiges Vertrauen, und es brauchte eine Instanz, welche Regeln für dieses Geschäft erließ. In diesem Falle war es nicht der Staat, sondern die Wechslerkorporation, die solche Regeln einsetzte. Und was es auch noch brauchte, war ein Wandel in den Denkgewohnheiten: Denn was da auf den Tisch des Wechslers kam, war kein Maß Korn, kein Goldklumpen, sondern ein bloßes Papier. Es ist wahrlich eine Denkrevolutionen sondergleichen, anstelle eines materiellen Dinges nur sein nominelles Substitut wahrzunehmen. Wir sehen hier aber gleich zu Beginn, zu welchen Abstraktionsleistungen der menschliche Geist befähigt sein muss, um dematerialisiertes Geld denken und benützen zu können.

Was hat uns dieses Beispiel gelehrt? Es hat uns einmal gelehrt, dass wir den wirtschaftlichen Fortschritt nicht immer als durch technische Innovation geleiteter Prozess verstehen können. Denn Geld- bzw. Verkehrsinnovationen gehen meist unscheinbar vonstatten. Im gleichen Sinne wie die Erfindung der doppelten Buchhaltung im späten 15. Jahrhundert durch einen Freund Leonardo da Vincis – gemessen an dessen technischen Geniestreichen – kaum zur Kenntnis genommen wurde, so kann man sagen, dass auch die Geldinnovationen durch ihre Unscheinbarkeit und ihren äußerst diskreten (notwendig diskreten!) Charakter kaum bemerkt wurden. Dennoch lehrt unser Beispiel, dass solche Innovationen vielleicht einschneidendere Auswirkungen haben können als oft vermutet, dass somit unsere Fixierungen auf technischen Fortschritt uns die Sicht auf andere Fortschritte verbaut hat, die vor allem heute, im Zeitalter der Kommunikationsgesellschaft, weitaus tragender erscheinen als *hardware*-Innovationen. Doch diese unscheinbaren, diese diskreten Innovationen, sind schwer zu denken, was ein doppeltes Hindernis darstellt. Ein neues Konstrukt *à la da Vinci* ist zwar eine technische Höchstleistung, doch ist sie faktisch, sie steht da, man kann ihren Mechanismus studieren, ihn auseinandernehmen, verbessern, umbauen. Nichts davon bei Verkehrsinnovationen. Die Notwendigkeit von Diskretion, gar Verschwiegenheit, ja gar ihre Geheimheit belässt sie im Schatten, im Impliziten, in den Zwischenräumen – nicht nur soll sie nicht bemerkt werden, selbst diese Unbemerktheit sollte unbemerkt bleiben. Und dazu kommt ihre gedankliche Komplexität. Eine neuer Motor kann bis in seine Einzelteile studiert werden: Man folgt der Handlungsanleitung, dem Bauplan. Eine neue Tauschform wird nur *praktiziert,* und sie wird es unter Vermeidung eines Bauplanes – ob bewusst oder nicht. Aber darüber zerbricht man sich nicht den Kopf. Dass aber dabei geistige Höchstleistungen der Abstraktion, der Phantasie und der Synthese nötig waren, dies überhaupt erst einmal zum Thema gemacht zu haben, ist die Leistung Alfred Sohn-Rethels, eines deutschen Philosophen, der ganz am Rande der Frankfurter Schule stand und sein Leben damit verbrachte, diese Abstraktionsleistungen zu studieren.

Der Weg ist damit gezeichnet. Wir wollen Zirkulation zu einem Geschichtsthema machen, trotz oder gerade wegen seines diskreten und schwierigen Charakters. Wir wollen ihr Erklärungen über den Gang der Geschichte abtrotzen, vor allem über Episoden, die besonders dunkel sind. Der Zugang zum Geld gelingt erst dann, wenn wir diese geschichtliche Logik der Zirkulation als Basis nehmen und versuchen, der banalen Gesetzmäßigkeit des Produktivismus eine etwas fatalere zu unterschieben.

«Irreflexivität» des Geldes

Während die Ökonomen ihre unverzichtbare Handlangerei betreiben, fällt allen anderen Sozialwissenschaften das undankbare Abhandeln aller übrigbleibenden monetären Probleme zu. Geldpolitik ist ein schwieriges Geschäft, ein schwieriges und riskantes. Nicht umsonst zieren sich die deutschen Experten mit dem Namen der *Weisen*. Und seitdem sich die Finanzkrise in der gesamten Weltwirtschaft eingenistet hat, vermehren sich die «Räte der Weisen» weltweit. Sehr oft sind es *sieben* Weise, und das nicht nur aus Abstimmungsgründen. In einer Zeit abflachender Symbole mehren sich Quasi-Symbole wie dieses. Als ob es darum ginge, Futter für den Kolumnisten zu bieten, der dann in der Sonntagsausgabe seine *Interpretation* zum Besten gibt. Meine Interpretation ist einfach: Das Geschäft der Geldpolitik ist mit solchen Imponderabilien verbunden, dass es wohl eine gute Dosis Gelassenheit braucht, um sich nicht durch die panischen Ströme des finanziellen Tagesgeschehens beeinflussen zu lassen. Aber lassen wir diese Banalitäten, die man von Tag zu Tag in allen Zeitungen nachlesen kann. Worauf ich hinaus will, ist Folgendes: Kann man sich einen Begriff der Schwierigkeit der Geldpolitik machen, so wohl kaum vom *Rest,* der uns die Geldpolitik lässt. Ich hatte von meinem Gang zur Geldsoziologie berichtet und muss jetzt an die Sache selbst heran. Denn die Geldsoziologie stellt sich heute eine ganz wesentliche Frage: Unterliegt Geld einer historischen Eigendynamik oder ist seine Entwicklung durch «äußere» (kulturelle, soziale usw.) Faktoren bestimmt?

Mit dieser Frage einher gehen politische, unterschwelligere Fragen: Ist die Marx'sche Sozialkritik stumpf geworden? Unterliegen wir *nicht* machtlos dem Kapitalprinzip? Über welche Kompetenzen verfügen wir, um diesem Prinzip zu widerstehen? Können wir (noch) mit dem Geld spielen? Oder im Gegenteil, besteht nicht die Möglichkeit, dass durch die Dematerialisierung des Geldes die Freiheiten dem Geld gegenüber größer geworden sind? Wird durch Entstofflichung nicht gar ein Reizthema entschärft, wird dem Geld seine Dramatik genommen? Wird es dadurch zu jenem neutralen Medium, von dem die Klassiker seit je geträumt haben? Ist es nur noch ein Instrument, dessen Stofflosigkeit die Freiheit des Menschen potenziert und der alten Habsucht den Garaus gemacht hat?

Ich vertrete die diametral entgegensetzte Position. Ich behaupte, dass die Dematerialisierung des Geldes nicht nur seine wirtschaftlichen Funktionen ausdehnt, sondern dass dadurch *das monetäre Prinzip* selbst immer mehr autonomisiert wird. Darunter verstehe ich nicht das Geld als solches, sondern das Geld als Zirkulationsprinzip, d. h. als *Medium.* Die Formel ist folgende :

$$G = f(T) ==> T^* = f(G)$$

Traditionellerweise musste sich das Geld (G) den Umständen des Tausches unterwerfen [f(T)]. Im Sahel-Gebiet tauschte man Frauen gegen Gold, Sklaven gegen Silber und den Rest gegen Kupfermünzen. Wollte man, wie im vorherigen Beispiel gezeigt, den Außenhandel absichern, so verbriefte man das Geld und fertigte Wechsel an. Nahmen die Austausche zu, so musste mehr Geld produziert werden und umgekehrt. Die Bestimmung ging also immer in die eine Richtung: T => G. Erst in der Neuzeit und mit einer Reihe von nicht nur ökonomischen, sondern ideologischen Innovationen kehrte sich die

Bestimmung um. Dies ist der Kern jener «Verkehrung der Zwecke», an welcher die Gründerväter der Soziologie ihre Kritik der Moderne festmachten. Diese Formel ist vermutlich der dichteste Ausdruck jenes zivilisatorischen Szenenwechsels, der zu Beginn des 17. Jahrhunderts ausbrach. Wir werden noch öfters auf ihn zurückkommen.

Es versteht sich von selbst, dass das Geld *als Ding* im Zuge seiner Entstofflichung ungeahnte Freiheiten genießt; die Spielarten und Spielräume unsichtbaren Geldes geben seinen Benützern ein Gefühl von Leichtigkeit und Unbeschwertheit, das verglichen mit dem stofflichen Geld (das man zählte, wog, dessen Ab- und Zunahme man geradezu körperlich wahrnehmen konnte) markante Unterschiede aufweist. Man darf aber nicht Geldstoff und Geldprinzip vermischen. Geldprinzip ist das Erfordernis, alle Tausche monetär abwickeln zu müssen, alle polyvalenten Dinge auf eine Zahl zu reduzieren, nach ihrer Tauschbarkeit zu einer Ware zu machen, also ästhetisch zu degradieren. Ich möchte nicht nur behaupten, dass zwischen Stoff und Prinzip unterschieden werden muss, sondern dass im Zuge der Entstofflichung das Prinzip immer mächtiger zum Tragen kommt, dass somit die heutige Geldsoziologie die Situation völlig verkennt.

Ist Sprache das Medium menschlicher Kommunikation, der Mensch-Mensch-Beziehungen, so ist das Geld das Medium der Mensch-Ding-Beziehungen. Der springende Punkt ist nun, dass mit zunehmender Dematerialisierung des Geldes dieses «sachliche» Medium sich allmählich an die Stelle aller anderen Medien setzt. Dies ist eine philosophische Hypothese von größter Tragweite. Denn sie besagt nichts anderes, als dass die *Form des Geldes* nicht nur die Formen des Tausches bestimmt (G –>T), und zwar jeder menschlichen und sachlichen Verkehrsform schlechthin (T*), sondern zu einer eigentlichen *Denkform* geworden ist. Geld als universelle Matrix, als *mathesis universalis* (Leibniz), d. h. als letztmöglicher Nenner in einer zunehmend komplexen, entstaatlichten, verflochtener gewordenen Welt.

Der heutige Trend in der Geldsoziologie, vertreten durch die Princeton-Professorin Viviana Zelizer, geht einen ganz anderen Weg. Sie behauptet, gegen die vehementen Äußerungen einer gewissen Marx'schen Dogmatik, dass Geld zwar ein massives Versachlichungsinstrument darstellt, dass es aber jeder Soziokultur gegeben ist, sich das Geld als Werkzeug wieder anzueignen, sei's in einem spielerischen, sei's in einem subversiven Umgang mit ihm. Die vielfältigen Beispiele, die sie liefert – so z.B. ihre eindrückliche Studie über norwegische Prostituierte, die zwischen sauberem und dreckigem Geld fein ... säuberlich unterscheiden und jede dieser Geldarten einem anderen Zweck zuwenden – haben jedoch mit der These der Expansion des Geld*prinzips* nichts zu tun. Zwar «spielen» diese Prostituierten mit den beiden Geldsorten, das dreckige Geld für Luxusausgaben, das saubere (durch anderweitige Arbeit, Alimente, Sozialhilfen erhaltene) Geld für den Alltag, zwar haben diese Prostituierten, wie es ihre Geldpraktiken anschaulich zeigen, einen *reflexiven* Umgang mit dem Geld – dass sie aber in einer Welt leben, in der die Veränderung (Entstofflichung) der Geldform diese Reflexivität immer schwieriger macht, daran können sie nichts ändern.

Unsere Untersuchungen über die Abrechnungsmethoden von Kreditkarten-Besitzern zeigten anschaulich, dass abgesehen von einer winzigen Schicht (vermutlich besonders neurotisch veranlagter) Menschen niemand heute die Salden und Umsätze seiner diversen Konten genau überblickt. Ich erinnere an die *Kässeli* der Schweizer Hausfrauen, die Tag für Tag genau über ihre Ausgaben Bescheid geben konnten. Beim Gebrauch zunehmend entstofflichten Geldes weiß man nur noch grob darüber Bescheid – *grosso modo,* so könnte man formulieren, sollte es bis zum Monatsletzten ausreichen. Und wenn's nicht ausreicht, wird automatisch ein Überbrückungskredit aufgeschaltet, mit Abzahlungsmodalitäten, die normalerweise dafür sorgen, dass innert verlässlicher Frist das Defizit wieder ausgeglichen wird. Was hier ins Gewicht fällt, ist nicht die lasche Kontrolle (die nur bei einer bestimmten Schicht zur Überschuldung führt), sondern die schlichte Tatsache, dass *uns Geld allmählich entschwindet.* Es entschwindet uns auf der (alltäglichen) Mikroebene und, aus anderen Gründen, auf der globalen Makroebene. Und der Staat dazwischen, der durch seine Geldpolitik über lange Jahre dafür gesorgt hat, dass zumindest auf makroökonomischer Ebene dieser reflexive Umgang mit dem Geld sichergestellt worden war, verliert zunehmend an Einflussmöglichkeiten. Der Schluss ist so naheliegend wie trivial: *Denken wir nicht das Geld, so denkt es an unserer Stelle.*

Das will ich an einem alltäglichen Beispiel etwas näher ausführen.

Die Welt auf 85 x 54 Millimetern

Präsentieren – Es ist eine schöne, fast manierliche Handbewegung, die man beim Präsentieren der kleinen Plastikscheibe macht. Zunächst noch unsicher, ob der Zauber auch wirkt, dann aber mit zunehmender Behändigkeit, mit dem Flair eines ganz natürlichen Bewegungsablaufs. Man zieht sie vorsichtig aus seinem Geldbeutel heraus und legt sie entschlossen auf die Kassenablage. Nach links und nach rechts kleine Seitenblicke, Kontrollblicke, denn immerhin ist diese Zahlung etwas Intimes. Nun wird die Karte manipuliert, es sei denn, man führt sie selbst ins Lesegerät ein. Sie wird gewendet, eingeführt, es werden Tasten gedrückt, und man wartet – etwas mulmig … –, bis sie einem zurückgegeben wird. Ganz anders also als beim Vorzeigen einer Identitätskarte, wo man ganz beklommen und fast schuldig auf das Nicken des Beamten wartet – er solle doch, bitte, unsere wahrhafte Identität erkennen, anerkennen, wer wir sind, uns entlassen in die konfusen Fluchtbewegungen der Anonymität. Hier wollen wir erkannt werden, als solventer Zahler, als stolzer Kartenbesitzer. Mit der Plastikscheibe gehen wir dagegen schon nach kurzer Zeit um wie der Diakon mit der Hostie – zeremoniös sicher, ostentativ und bedächtig. Zahlen wir denn nicht mit unserem (guten!) Namen – wie es einst eine Werbung verhieß? Verbürgt dieses Stück außerirdischen Stoffes nicht unseren universellen Kredit? Kein Zweifel, der Gläubige wird auch sie nicht abweisen – die Hostie nicht, die Karte nicht. Nicht unsere zivile Identität ist darin enthalten, die bei der Polizeikontrolle vielleicht doch mit irgendwelchen dunklen Daten gekreuzt etwas Suspektes an den Tag bringen könnte, sondern unsere monetäre Identität: Wir haben Kaufkraft, wir genießen Kredit, *wir* können durch. Das Zeremoniell ist zwar von kurzer Dauer, dafür aber intensiv: Es ist das Initiationsritual in die Verkettungen, in die Netze des universellen Geldsystems, das Zeremoniell, das uns anschließend die Welt der unmittelbaren Verfügbarkeit eröffnet. Vorzeigen, identifizieren, einpacken. Wer noch Sinn hat fürs Mikroskopische in unserem Alltag – aber wem steht er noch danach, der ihn schon bis zum Halse hat? –, wird vielleicht die leise Spannung bemerkt haben, den Hauch von Magie – die immer schon mit Fernbedienung und Zahlen zauberte –, der die ganze Transaktion begleitet und dem spröden Warentausch so etwas wie eine rituelle Aura andichtet.

Man wird vielleicht die Achseln zucken vor so vielem Aufsehen, das hier über ein simples Zahlungsmittelsurrogat (wie die Ökonomen zu sagen pflegen) gemacht wird. Ist das Ding denn nicht ganz schlicht und einfach ein ganz nützliches, sicheres, transaktionskostensenkendes, schlechthin unproblematisches, reibungsloses, fließendes; wird da nicht in massenkulturkritischem Affekt wieder einmal gekratzt, wo es nicht juckt, symptombekämpft, wo es nicht reizt? Hand aufs Herz: Sollte man nicht ein für allemal hinnehmen, dass es auch manchmal Erfindungen gibt, die ganz und gar ungefährlich, hintergedankenlos, unideologisch sind, dass somit dieses Grübeln über so viel Unzweifelhaftes schlichtweg schlechter Wille ist, die störrische Rückwendung des Nostalgikers, des ewigen Nörglers, des stehengebliebenen Maschinenstürmers?

Gestatten Sie eine Zwischenbemerkung. Gerade bei einem so problemgeladenen (heute würde man sagen: *sensiblen*)

Phänomen wie dem Geld *muss* jede Formveränderung eine Hinterfragung nach sich ziehen. Es handelt sich ja nicht um den Wandel des Designs irgendwelchen Haushaltsartikels (der selbst unentwegt analysiert worden ist), sondern um den Wandel einer Sache, die die Gedanken des Menschen immer schon mobilisiert hat, um das wohl wichtigste Detail unserer Zivilisation – möge darin der Herrgott sitzen oder der Teufel. Es ist schon einsichtig, wenn man mit Georg Simmel sagt: Die mittelalterliche Zivilisation sei eine theozentrische gewesen und die heutige eine monetarozentrische. Das wäre dann eine Welt, in welcher der Stoff, aus dem die Träume sind und die sozialen Geflechte, die sie hervorbringt, nur noch aus klingenden Münzen, Banknoten oder eben elektronischen Wertübertragungen besteht. Wenn es irgendetwas gibt, was unsere problematisch gewordene Welt noch zusammenhält, so ist es das Geld. Das Geld, das über alle Grenzen, Kulturen, Sprachen und Ethiken hinausgeht und jedes Individuum zu seinem Subjekt macht.

Hereingetreten – Wir haben noch nicht begonnen. Alles der Reihe nach. Und beginnen tut man bei diesem Thema bekanntlich mit der Auflistung aller technisch-ökonomischen Daten, mit den Kommissionssätzen, Eintrittsgebühren, Zusatzleistungen, Sonderprivilegien, Aufnahmebedingungen, die in jeder Frauenzeitschrift, in jedem Konsumentenblatt zu haben sind. Folgt sodann eine unendliche Aufzählung aller Vorteile: Bargeldabhebungen, 24-Stunden-Service, Reiseberatung, Versicherungen aller Art, Kreditvergaben, Ausgabenplafonds und so weiter, Vorteile, die derart überwältigend sind, dass jeder Laie, der sich einmal durch den Dschungel der Funktionsbestimmungen gelesen hat, von ihrer absoluten Nützlichkeit schlicht überzeugt sein *muss*. Folgt schließlich, wie bei jedem Mixer, Staubsauger und Haarföhn, der obligate Konsumentenvergleich. Der aufgeklärte Konsument kann jetzt wählen. Man lässt sich also ein auf die technische Debatte, auf den Vergleich zwischen Green Card, Golden Card, Premium Card, Platinum, Classic, Light, Junior, Prestige, VIP Card und wie sie alle heißen, und diese erschlagende Angebotsmenge ist dermaßen wirr, bunt und weit verbreitet, dermaßen verquickt mit Kosten und Vorteilen, die untereinander schwer vergleichbar sind, dass derjenige, der es genau nimmt, im seltensten Fall sicher sein kann, ob er nun die richtige Karte bestellt hat. Sich da noch Gedanken machen wollen über Tiefliegendes, über Voraussetzungen und Konsequenzen, ist ein Luxus, den allerhöchstens noch der Ethnologe, der sich über die seltsamen Wirtschaftssitten der Satten den Kopf zerbricht, sich noch leisten kann. Dabei wird zunächst klar, dass die Kreditkarten heute schon ein solches Ausmaß an Funktionen übernehmen können, dass einem durch dieses Geflecht von technischen und ökonomischen Daten die Lust an einer solchen vorsorglichen Hinterfragung genommen wird. Was geht man sich also noch Gedanken machen über ein Ding, von dem man nicht einmal hinlänglich weiß, was es denn genau *ist?* Denn irgendwie sind wir doch von diesem Phänomen wie überflutet und müssen nun mitschwimmen, mithalten mit einem Fortschritt, den wir schon längst verlernt haben in Frage zu stellen.

Wir treten ein in eine bizarre Welt, eine Welt voller elementarster Handgriffe, Überlegungen, Absichten und Wahrnehmungen; und zugleich wissen wir, dass unter dieser Oberfläche etwas schlicht Unerkennbares, Unbefragbares ist, aber etwas so Voraussetzungsvolles, dass wir es nicht *wagen* können, diese Oberfläche zu verlassen. Wir sind an die Oberfläche des Phänomens geschweißt, in einer Art ungesunder Solidarität, wie der Patient am Tropf, der es nicht wagt, von seiner Infusion einen Augenschein zu nehmen.

Hinter der ungeheuren Einfachheit des Handelns, zu dem uns die Karte auffordert, diesem scheinbar unvermittelten Akt des Präsentierens und Empfangens, versteckt sich ein Phänomen von noch viel ungeheuerlicher Komplexität. Die Karte ist das simpelste Ding der Welt; man braucht nicht einmal zählen zu können wie bei den alten Noten und Münzen, es genügt ein Zahlencode oder die Unterschrift. Versucht man aber, die Karte als Ware zu denken, wie man es bei der Blechpfanne auch tut, so offenbart sich dem kundigen Konsumenten eine solche Flut von Vor- und Nachteilen, Zusatz- und Sonderfunktionen, die jeden Vergleich, jedes ökonomische Kalkül von Vornherein zum Scheitern verurteilt. Wie reagiert nun der Konsument angesichts solcher Überflutung? Durch straffe Selektion: Er wird sich einzelne, offenbare Funktionen herauspicken und mit diesem notwendigen Minimum seinen Alltag bestreiten.

Trivialisierung ist sehr oft eine Überlebenstechnik. Das ist bei einer immer komplexer werdenden Technik der Fall, und beim Geld ganz gewiss auch. Hat Reflexion überhaupt einen Sinn, so nur darin, solche für «einfach» gehaltene Sachverhalte zu enttrivialisieren. Dass man sich dabei arg verlaufen kann, ist eigentlich nicht schlimm. Schlimm ist viel eher, wenn man das Risiko des Verlaufens meidet und vorschiebt, das habe sowieso keinen Zweck.

Chancen – Beim Plastikgeld, so meine Hypothese, handelt es sich nicht primär um ein wirtschaftliches, sondern um ein ästhetisches Problem. Ästhetik wird hier verstanden als ein Akt der Wahrnehmung von Wirklichkeit, von Zeichen und Symbolen, die immer einer Vermittlung bedarf, um für uns

Menschen einen Sinn auszumachen. Am einfachsten können wir diese Vermittlung beschreiben, wenn wir die Karte nach ihren Chancen und Gefahren befragen.

Die Chancen liegen – auf der Hand. Kein emsiges Kramen nach Kleingeld mehr, kein krampfhaftes Absichern der Brieftasche, kein scheeler Blick auf die Tausender-Note, keine Warteschlange vor Wechselstuben, überhaupt – kein Kontakt mehr zum schmutzigen Geld, kein kleinliches Feilschen um den Vortritt beim Bezahlen der Zeche unter Freunden; der Akt des Bezahlens verliert diesen Hauch von Erniedrigung und Nüchternheit, der manchmal auftritt, wenn man durch sprödes Geld ein *schönes Objekt* erwirbt, das im Grunde keinen Preis hat, oder wenn das Teilen der allzu gesalzenen Zeche die Grenzen der Freundschaft oder der Kollegialität offenlegt. Durch eine distanzierte Geste entledigt man sich der Schuld, man begleicht seine Rechnung *en passant:* «Hier, sieh und adieu.»

Wenn Quittsein früher immer etwas Problematisches war – man ist eigentlich nie quitt, mit niemandem, nirgends –, so ist heute selbst der Gedanke daran verschwunden. Man hat eigentlich gar nicht die Wahl, nichts anderes als mit allen und allem immer nur *quitt* zu sein. Hier hätten wir also ein Zahlungsmittel von unendlicher Flüssigkeit und Einsetzbarkeit – es ersetzt alles –, dazu noch von sehr großer Sicherheit: ein unendlich praktisches, problemloses und problemlösendes Ding, das nach sehr kurzer Erlernzeit jede *Schwellenangst* – zu den Dingen wie auch zu den Empfängern und durch alle Räume hindurch – beseitigt. Die Karte gibt uns ein Gefühl von Sicherheit, von Unüberraschbarkeit, von Unantastbarkeit in allen Lebenslagen, den Hauch der großen weiten Welt – aber ohne das Risiko der Fremde auf sich nehmen zu müssen. Und schließlich – kehren wir zurück zur schönen Handbewegung – gewinnt der monetäre Akt, die monetäre

Beziehung, eine gewisse Vornehmheit wieder, wie sie vielleicht einmal in einer Zeit, als es nicht gleich*gültig* war, ob man in Gold, Silber oder Kupfer bezahlte, gegolten hatte. Denn beim alten Noten- und Münzgeld machte sich doch jeder die Finger dreckig, und was die Form betrifft, war es ein demokratisches Geld: Die Noten und Münzen zirkulierten, vom Clochard bis zum Tycoon, vom Zuhälter bis zum Minister, keiner, der sich nicht daran beschmutzte – *als ein Franken noch ein Franken war.* Zumindest hier waren alle gleich: alle gleich im Umgang mit dem schmutzigsten aller Dinge. Doch jetzt, wo jede Karte *persönlich* geworden ist, hat man an dieser urdemokratischen Schmach nichts mehr auszusetzen, man zahlt kraft der Einzigartigkeit seiner Person. Deswegen auch die Geste, *noblesse oblige,* ich bin es da, der bezahlt, ich in meiner jeweiligen Einzigartigkeit.

Tauscharbeit – Jetzt ist scheinbar Vornehmheit ins Ritual der Bezahlung zurückgekehrt. Die monetäre Beziehung mobilisiert keine Affekte mehr, sie ist neutral, distanziert, salonfähig geworden; man kann jetzt zu anderem übergehen, nachdem man jahrhundertelang dem Gezänk, dem Gerangel um den Götzen, der Charles Fourier zufolge, keine Ungläubigen kennt, erlegen war.

Scheinbar wird also Geld heute zu Ende instrumentalisiert, zum restlos Nützlichen gemacht, was es immer schon hätte sein wollen: als Vehikel zur Erleichterung des Tausches, zum Öl im Räderwerk der Wirtschaft. Doch so billig kann man es sich nicht machen. Wenn es auch vom wirtschaftlichen Standpunkt her einer erheblichen Erleichterung der Zahlungen gleichkommt, scheint dieses Phänomen in vielen anderen Hinsichten nicht so unbedenklich zu sein, wie gemeinhin angenommen.

Tauscherleichterung, das lässt sich so leicht sagen. Aber was wird da eigentlich erleichtert und handelt es sich überhaupt noch um Tausch bei diesen sonderbaren Transaktionen?

Man geht ins Kaufhaus, wählt aus und präsentiert die Karte. Aber man *gibt* eigentlich nichts. Man präsentiert nur, und die Karte wird einem zurückerstattet. Doch dabei ist etwas ganz Banales verlorengegangen. Denn beim Präsentieren der Karte gibt es keine Gegenseitigkeit mehr, keine Wechselbeziehung, kein Opfer, nicht einmal *Retourgeld*. Die klassische Zahlung ist einem eigentümlichen Ritual gewichen, in dem es nicht mehr um die Spannung zwischen Ware und Geld geht, sondern um die schlichte Einhaltung von gewissen Bedienungsregeln. Der kleine peinliche Akt des Zahlens, dieser tagtägliche Opfergang, ja das Abschätzen von Kosten und Nutzen, ist einer technischen Prozedur gewichen, die es strikt einzuhalten gilt. Nur so wird die Karte zu einem Freipass, einer Spielmarke, die zum Eintritt ins Warencasino ermächtigt. Und wir sehen dabei zu, wie sich die Preise, die Additionen, die Rechnungen allmählich verflüchtigen. Mit der Karte muss man es nicht mehr genau nehmen, der Tausch ist zum Spiel geworden.

Was also erleichtert wird, ist die ganze Tauscharbeit, die wir seit Menschengedenken ausführten; dieses Abwägen, Vergleichen, Zurückstellen, Zögern, all diese kleinen Akte des alltäglichen Zweifelns, Rechnens, Verzichtens sind mit einem Schlag ausgeschaltet worden. Denn immerhin musste man mit dem dreckigen Geld noch rechnen können, man musste ein Mindestmaß an Schlauheit, Geiz, Verschlagenheit und Spürsinn mobilisieren, um nicht den Verlockungen, Fallen und Reizen der unlauteren Wettbewerbswelt zu erliegen. Der immer wieder gehörte Slogan der Kreditkartenmarketer, «Wählen Sie in völliger Freiheit», ist nicht nur ein klassischer *Double-bind-*Satz – denn die Wahl bedeutet immer auch Verzicht, und die Freiheit kann wie die Spontaneität nicht erzwungen werden –, sondern die Aufforderung zum direkten Genuss, zur vollendeten Unmittelbarkeit gegenüber den Waren.

Was man immer gegen den Warentausch und den schnöden Geldgebrauch vorzubringen hatte, es waren immer Akte des *Reflektierens,* keine besonders heroischen Denkakte obzwar, aber auch keine schlichte Unmittelbarkeit. Man musste lernen, mit dem Geld umzugehen, lernen, um im Tausch nicht den Kürzeren zu ziehen. Heute muss man nur noch richtig reagieren, die Karte im richtigen Moment zücken, den Code richtig eintippen, am richtigen Ort unterschreiben. Woran also alle Anstrengungen des Marketings bislang scheiterten, die Waren zu einer zweiten Natur des Menschen zu machen, wird heute durch diesen simplen Geniestreich aus Elektronik und doppelter Buchhaltung gelöst.

Kein Wunder, dass die Konsequenz daraus Überschuldung ist. Es fehlen die Hemmungen des limitierten Budgets, es fehlen die Bedenken der knappen Kasse. Denn man wird aufgefordert, hier und jetzt seine Träume zu erfüllen, im absoluten Präsens zu leben. Die Zukunft wird dem Kredit überlassen. Und so wird man allmählich in ein Kreditsystem hineingezogen, das auf der einen Seite die Illusion des Warencasinos weiter fördert, auf der anderen Seite aber mit unveränderter Härte die Logik des Geldes zu seinem Recht bringt. Ist die Schuldenspirale einmal angelaufen, so türmen sich Zinsen und Kommissionen – bis zum Privatbankrott.

Kontrolle – Das Handeln mit Karten ist ein Ritual. So sehr, dass es heute in Japan zum guten Ton gehört, sich nebst allerlei Bücklingen mit seiner (Kredit-)Karte zu präsentieren. Sie ist Teil seiner selbst oder wie es eine Reklame sagt: «Die Karte von XYZ – man trägt sie in sich.»

Oberflächlich betrachtet präsentiert sich die künftige Kartengesellschaft wie folgt: am unteren Ende die Kartenlosen; ihnen gibt man keinen Kredit, sondern Bargeld fürs Überleben. Dieses Geld hat aber keinen universellen Zahlungsmittelcharakter mehr, sondern dient vornehmlich der sozialen Zuweisung für Konsumzwecke. In Dänemark hatte sich ein Arbeitsloser nach einigen Entbehrungen von seinem Stempelgeld eine Windsurf-Ausrüstung angeschafft. Die Behörde konfiszierte sie ihm; Grund: unzweckmäßige Verwendung des Arbeitslosengeldes. Am unteren Ende der Gesellschaft wird man also dank des Kartensystems genau jene Personen herausfiltern und kontrollieren, die der offiziellen Zahlungsnorm nicht genügen. Als Nächstes folgt die Masse der kleinen Kreditkartenbesitzer, die in der Regel verschuldet sind und einen Teil ihrer Existenz damit verbringen werden, sich brav und geordnet unter der Schuldenlast abzurackern. Weil sie in jeder Gesellschaft ein unstabiles Potential darstellen, bedeutet diese direkte Kontrolle die Lösung eines uralten sozialen Problems. Es sind keine Proletarier mehr, auch keine Arbeiter, sondern überschuldete Konsumenten, die ängstlich und aggressiv auf ihr Glücksrecht pochen. Solange sie die Zinsen bezahlen, sollen sie es auch haben. Aber sie zahlen nicht nur die eigenen Zinsen – und dies ist nur eine der Perversionen des Kartensystems –, sondern all die Privilegien und Vergünstigungen, welche der nächstfolgenden Kartenbesitzerschicht offeriert werden.

Denn diese dritte Schicht besitzt personalisierte Karten, und das heißt nicht zuletzt: längere Kreditfristen, mehr Service, mehr Zusatzleistungen und so weiter. Und je höher man in der Kartenhierarchie aufsteigt, desto teurer werden diese

Leistungen. Bezahlt werden sie von den nächstunteren Schichten, und zwar umso mehr, je tiefer man in dieser Hierarchie rangiert.

So haben wir ein System der doppelten sozialen Ungleichheit, das perfekt funktioniert. Und es funktioniert umso besser, als niemand weiß, *wie* es funktioniert. Die Privilegierten erachten ihr Privileg als etwas Natürliches, liefern sie doch mit ihrem «guten Namen» und dem sechsstelligen Einkommensnachweis eine hohe Sicherheitsgarantie; die Masse strampelt sich ab, mit dem tagtäglichen Traum vor der Nase, auch einmal in den Genuss solch personalisierter Leistungen zu kommen. Und ganz unten duckt man sich als Almosenempfänger, dem immer strengere Verwendungsnormen für seine mageren Sozialleistungen auferlegt werden.

Die Kartengesellschaft ermöglicht somit eine perfekte Kontrolle über die alltäglichste und universellste aller Handlungen, die Zahlung, gepaart mit einem System der sozialen Unterschiede, die unsichtbar weil naturwüchsig geworden sind, und all dies unter dem ideologischen Schleier einer frei verfügbaren Warenwelt, eines direkten Zugriffs zum Warenglück dank einer schlichten Alltagsmagie, dem Präsentieren einer Karte.

Ich verzichte auf die meistdiskutierte Kritik: das *tracing*, das Nachzeichnen der Kundeninformationen. Ist einmal die Anonymität der Zahlung aufgehoben, ist der Gefräßigkeit der Computer keine Grenze mehr gesetzt, so versteht sich von selbst, dass all die hier besprochenen Kontrollmechanismen noch viel effizienter gestaltet werden können – bis hin zur Kontrolle nichtintendierter Handlungen, wie bei Spontankäufen. Der kritische Realist, der Gebrauchsanweisungsanalytiker, wird heute nicht mehr müde, dieses globale Personen-GPS-System zu denunzieren. Doch vergisst er, wie wir weiter unten noch sehen werden, dass dieses effiziente Beobachtungssystem auf einer besonderen Infrastruktur aufbaut, die wir hier ansatzweise beschreiben wollten. Die Verwandlung der Bezahlung in einen technischen Akt der Präsentation, die Verwandlung des Kaufs als Wahlhandlung in eine mehr oder weniger spontane Reaktion auf eine Güterfülle, der Verlust von Reziprozität und Reflexivität – das sind die wahren Determinanten des Kreditkartensystems. Es baut eine neue Wirklichkeit auf, die sie mit der alten verwischt; und nichts ist ihr willkommener als glauben zu lassen, dass diese neue Wirklichkeit nur die alte ist *plus* dieser Kontrollinstanzen. Nein, wir sind nicht mehr in einer Warentauschgesellschaft. Dieses Etikett müssen wir ein für allemal verwerfen. Und auch wenn die hier riskierten Äußerungen abstrakt, vage und manchmal verworren sind, so hat das damit zu tun, dass wir diese Gesellschaft verlassen haben und in eine neue eintreten, die wir nur tastend erschließen können.

Das Symbol, das alles Vereinte trennt und alles Getrennte vereint

Zusammenhalt, Kohäsion – Der Mensch ist ein Symbolproduzent, ein *animal symbolicum,* wie es Ernst Cassirer einmal gesagt hatte. Er kann nicht nur raumzeitlich denken, Kausalitäten aufspüren, Mögliches in eine Reihenfolge bringen – er kann auch Phantasiegebilde ausdenken, irrwitzige Mangas produzieren und selbst noch das Farbenspektrum um eine achte Farbe ergänzen (er kann es ja versuchen). Es ist die Macht des Symbols zu kitten, etymologisch, *sym-ballein,* Dinge und Menschen zusammenzuwerfen. Und in der Tat – Geld wirft zusammen. Bevor es überhaupt Wert symbolisiert, ist es seine wichtigste Funktion, als Mittler der Arbeitsteilung jedem Gut Tauschmöglichkeiten zu eröffnen. Diese Einsicht hatte schon Aristoteles. Er sah, wie beschwerlich der Naturaltausch war und wie behende die Tausche sich vollzogen, sobald Geld ins Spiel kam. Wie es später einer des genialsten Ökonomen der Neuzeit, Carl Menger, sagen wird, ist Geld das «absatzfähigste» Gut, ein Fluidum, das gegen fast alle Gegenstände getauscht werden kann und auch aus diesem Zweck gesucht wird.

Was hält die Gesellschaft zusammen? Was macht es, dass eine minimale Ordnung herrscht, die menschliches Verhalten erwartbar macht? Warum gehen wir, sonderbare, mit Vernunft begabte Wesen, nicht unsere eigenen Wege, warum gehorchen wir Normen und Weisungen, respektieren wir Grenzen und Institutionen, warum haben wir sogar eine klare Präferenz für Untertanenverhältnisse? Diese Frage nach der

Möglichkeit von sozialer Ordnung steht im Herzen der soziologischen Fragestellung. Sie ist zwar nie klar beantwortbar und steht in unserem Pflichtenheft wie eine Vexierfrage, die uns immer wieder vor neue Rätsel stellt. Aber gerade diese Rätsel bringen uns vorwärts. Immer wieder dieselbe Frage, dieselbe Methode, die lauten könnte: Betrachte deinen Gegenstand immer so, dass er als Bedingung der Möglichkeit von sozialer Ordnung angesehen werden kann. Es geht hier nicht um ein starres System mit klar umschriebenen Funktionsmechanismen, so wie sie viele Stammesgesellschaften ausgewiesen haben, sondern um einen viel schlichteren Alltagszusammenhang, der unser Zusammenleben halbwegs möglich macht. Betrachte deinen Gegenstand immer so, als ob er ein Beitrag zur Lösung des Problems des sozialen Zusammenhalts wäre. Hier ist nicht der Ort, eine Einleitung in die Soziologie zu geben. Doch unser Gegenstand, das Geld, ist dermaßen eng mit diesem Problem der sozialen Ordnung verbunden, dass wir notgedrungen zu solchen Ausführungen greifen müssen.

Das Ordnungsproblem, die Frage also, wie wir unser Verhalten ausrichten und das Verhalten unserer Umwelten erwarten können, damit wir einigermaßen gesichert handeln, haben die menschlichen Gesellschaften auf verschiedene Arten gelöst. Auf den kürzesten Nenner gebracht, könnte man folgenden Wandel nachzeichnen. Zunächst war der Mensch ganz auf seine Gemeinschaft gestellt; sie war ihm Lebensbedingung und Grenze zugleich. Er war ihr Mitglied, und Mensch nur, insofern er ein solches Mitglied war. Sesshaftigkeit, Verstädterung, Arbeitsteilung und Patriarchat führten anschließend dazu, dass diese Transzendenz der Gemeinschaft an eine höhere Instanz delegiert wurde. Die traditionellen Gesellschaften waren schon sehr früh nicht mehr in der Lage, jene Gruppenmechanismen einzusetzen, die das Gemeinschaftsleben der «wilden» Gesellschaften ermöglichte, daher die Notwendigkeit einer höheren Instanz, einer äußeren Transzendenz, die über der Gemeinschaftspraxis stand. Götter und Gottheiten sind nur der Name für diese Externalität, für diesen Fluchtpunkt, dem sich jedes Mitglied und jede Instanz zu unterwerfen hat. Es genügt nicht mehr, wie bei den «Wilden», seine Zugehörigkeit zur Gemeinschaft zu *leben,* es bedarf von nun an der Unterwerfung an eine Abstraktheit, ohne die keine Orientierung, und das heißt, keine Ordnung möglich wäre. Als die traditionelle Welt zu zerbröckeln begann, als die Götter an Macht verloren, wurde die Kohäsion der Gesellschaften durch Symbole weitergeführt. Als Gott schon seit Langem abgedankt hatte, wahrte man den vertikalen Bezug (der Blicke, der Herzen, der Gemüter, der Moral), indem man Spitzen hegte und pflanzte, (Revolutions-)Bäume, erkletterbare Berge, Rangfolgen, Alltagshelden – all das, worauf *heraufzublicken* war. Doch mit der Verweltlichung – Veralltäglichung –, «Entzauberung» der Welt fielen auch die Symbole unter Illegitimitätsverdacht. Der nach oben geführte Blick verspricht keine Orientierung mehr, nur noch Nackenstarre. Mit dieser Verflachung der Welt glaubte man nicht mehr so sehr an die Evidenz des Gottes und der Götter als vielmehr an die Kraft seiner symbolischen Stellvertreter. Die Symbolik trat zwischen Transzendenz und Immanenz und schuf ein Zwischenreich, in dem zwar die Legitimität des Transzendenten in seinem Machtanspruch weiterbestand, seine Verwaltung jedoch in Menschenhand übergegangen war. Es ist die Magie der Symbole, in der Lage zu sein, solche Evidenzen und Illusionen über sehr lange Zeitperioden hinüberzuretten. Denn sie stellen etwas Fassliches dar, eine Ikone, einen materialisierten Geist, an dem man sich festkrallen kann.

Die Mächtigen haben diese Waffe sehr schnell und sehr dauerhaft benützt. In gleicher Weise wie der Körper des Königs in zwei Teile aufgespalten wurde – den irdischen und den ideellen –, damit Letzterer zum irdischen Statthalter Gottes werden konnte, fungierten die Symbole als Statthalter der unbefragbaren Transzendenz. Je mehr jedoch diese Transzendenz an Glaubwürdigkeit verlor, desto radikaler die Umklammerung und die Umkämpfung dieser Symbole. Für eine Fahne ging man in den Tod. Man stelle sich vor: für ein Stück Tuch! Für ein paar königliche Sporen! Für eine Vaterlandshymne, für die Ehre usf. Und nannte dies Aufopferungsbereitschaft Heldentum, Idealismus usf. Je dürftiger die Legitimität des vertikalen Symbols, desto verzweifelter und hemmungsloser seine Verteidigung. Doch mit der Entfaltung der Modernen ist dieser Koordinationsmechanismus – blinder Glaube, Legitimität des Höheren *de facto* [d. h. Kraft des schlichten Höherseins], Macht der Ikonen usw. – im freien Fall begriffen. Anstelle der Symbole sind Zeichen getreten, und *ein* Zeichen *vor* allen anderen: das Geldzeichen.

Wir haben also eine klare Reihenfolge des gesellschaftlichen Integrationsprozesses: *Gemeinschaft – Götter – Symbole – Zeichen – Geld.* Das ist nicht so zu verstehen, als ob die eine die andere Instanz ersetzen würde. Jede Instanz hat ihre eigene Logik – und es wäre so verführerisch wie falsch, Gott und Geld gleichsetzen zu wollen. Dass sie beide eine Ordnungsfunktion erfüllten, kann in keiner Weise bezweifelt werden. Nur das Ganze, das sie zu integrieren vermochten, ist eine ganz und gar andere Synthese, mit ganz und gar anderen Denkformen, deren Angleichung immer nur Banalitäten, wenn nicht gar größte geistige Dummheiten zutage brachte. Gott und Geld sind Koordinationsmechanismen. Beide werden angerufen, beiden wird ein Kult geweiht, an beide klammert man sich – *doch in verschiedenen Gesellschaftsformen.* Diese Substitution der Symbole durch (Geld-)Zeichen muss nun näher geprüft werden.

Symbolik – Diabolik – Selbst wenn man die Moderne kurzerhand mit der Figur (denn es ist nur eine Figur) des Todes Gottes gleichgesetzt hat, ist das tatsächliche Moment seines Umbruchs die Verabschiedung dieser vertikalen Referenz, diese Verflüchtigung von einer Transzendenz, auf die hin alle Handlungen, Hoffnungen und Erwartungen strebten. Welche Ursachen und Gründe dahintersteckten, ist eine Frage, mit der sich so hervorragende Geister wie Hans Blumenberg ein Leben lang auseinandersetzten. Der springende Punkt ist jedoch nicht so sehr diese Verabschiedung der Vertikalität unserer Projektionen und Projekte als der Versuch, einen neuen, noch ganz unfassbaren Koordinationsmechanismus einzusetzen. Die Frage liesse sich so formulieren: *Wie kann ich mit meinen Lebens- und Handlungsbezügen anderen gegenüber klarkommen, wenn ich mich nicht mehr an einem übergeordneten Willen halten kann, sondern mich just an den Lebens- und Handlungsbezügen dieser Anderen orientieren muss?* Diese Bezüge sind so zahlreich und so komplex, dass ich ohne ein Medium, das mir in diesem Gewirr einen Überblick verschafft, nicht überleben kann. Symbole vereinen die Verschiedenheiten, die Gegensätze, die Fremdheiten – das tut das Geld auch. Und es tut es sogar viel besser als alle Symbole der alten Zeit. Nur hat es diese fatale Kehrseite, dass es auch Vereintes, Zusammengewachsenes, Harmonisches zersetzt und auseinanderbringt. Das ist seine Diabolik, die seiner Symbolik immer auch innewohnt. Diese Formel müssen wir in ihrer Radikalität zu verstehen lernen. *Denn das Geld trennt und vereint nicht nur, es trennt, indem es vereint und vereint, indem* *es trennt.* Es tut immer beides, daher seine paradoxe oder vielmehr noch: seine paradoxierende Funktion. Darin ist seine Komplexität und seine ganze Tragik zu sehen.

Versuchen wir, diese paradoxe Figur zu entfalten. Das Geld schafft einen Zusammenhang, in welchem die einzelnen Glieder dieses Zusammenhanges nicht nur voneinander getrennt sind, es schafft diesen Zusammenhang nur oder im Wesentlichen nur *durch* diese Trennung. Wo keine Bande bestanden, schafft nun das Geld einen Bezug – es bringt nicht nur Unverbundenes, Unverbindbares, Unverbindliches, kurz: Heterogenes zusammen, es erheischt geradezu diese Bindung von Heterogenem. Unter der Zeichenmacht des Geldes ist alles ist mit allem potentiell verbindbar: Ideen, Dinge, Ressourcen, Menschen, Mächte und Ereignisse – Stacheldraht und Vanille-Eis, Rockmusik und marxistische Theorie, Blechtrommeln und Pfifferlinge; und das ist eine ganz und gar neue Unordnung der Dinge. Generell wurde eine solche Mischung der Genres und der Gattungen *postmodern* genannt – insofern aber diese Verbindungsmacht des Geldes ein genuin modernes Phänomen ist, macht eine solche Vordatierung keinen Sinn. Aber das Geld schafft nicht nur Bande, die sonst unvorstellbar gewesen wären, es verändert natürliche, organisch gewachsene Bande und ersetzt sie durch neue, künstliche. Diese «natürlichen» Bande waren noch Teil einer antiken Ordnung, die bis in die jüngste Vergangenheit hineinreichte. Zwischen Menschen gab es noch Freund- und Liebschaften, es gab eine Ordnung der Dinge, eine Zuordnung zwischen Ding und Mensch nach Massen, die eine universelle Geltung zu haben schienen. Dies alles gehörte zu einer *symbolischen Ordnung*, die wir für evident hielten. Die Degradierung dieser Ordnung auf ein Zeichensystem, diese maßgeblich durch das Geld inszenierte *semiotische Revolution,* hat, ohne dass wir es bemerkten, all diese Bezüge in bloße Möglichkeiten verwandelt. Je mehr Geld zu einem Medium wurde –, und je wahrnehmungsloser, desto «medialer» – desto umfassender wurde seine Fähigkeit, Heterogenes zu vereinen und also auch naturwüchsige Bande unter seine Synthese zu bannen. Ob nun der Bezug (nach antikem Verständnis) ganz undenkbar gewesen war oder ob er in der Natur der bezogenen Dinge lag, das Medium wird sie beide gleich behandeln: als mögliche Bezüge unter anderen Möglichkeiten.

Die Soziologie hat uns zumindest eines zu lehren: Sie muss einschärfen, dass jede menschliche Gesellschaft alles in ihrer Macht Stehende unternommen hat, um ihren Zusammenhalt zu wahren – die wüstesten Tricks, die größten Gedankengebilde, die mächtigsten Werke, Bibel, Hydraulik (China), Massenopfer usw. Das Beharrungsvermögen des Sozialen widersteht noch dem größten Widersinn. Ein vollends zerbombtes, ausgeblutetes und demoralisiertes Deutschland funktionierte bis spät ins Jahr 1945 noch als ein totalitäres Ganzes. Andererseits kann ein solch unendlich starrsinniges Gebilde durch eine winzige Zuckung aus den Fugen geraten. Die Attentate des 11. Septembers 2001 waren nichts als eine Weiterführung einer endlosen Kette von Terrorakten. Sie führten jedoch zu einer globalen Vereisung von Demokratie, in den zivilen Polizeistaat und in die Immunokratie. Doch diese Vereisung ist kein Epochenwechsel, sie ist einmal mehr Ausdruck dieser unfassbaren Widerstandsfähigkeit von Gesellschaft. Erst wenn dieser kollektive Wille versagt, wenn alle Tricks ausgespielt sind, wenn keine Werke, Kriege, keine heiligen Texte mehr ausreichen, dann ist die Gesellschaft verloren. Sie ist es nicht, weil sie innerlich verlottert wäre, weil sie keine Austausche mehr haben kann oder weil sie im Kriege unterliegt: *Eine Gesellschaft geht unter, wenn sie keine Symbole mehr produzieren kann,* keine Werke, keine Lieder, keine Feste, keine gemeinsamen Feinde und Freunde, keine Schnulzen mehr, keine Märchen, Helden, Fußballstars, Idole, Wappen, Farben, gemeinsame Geschmäcker, Brote, Käse, Gesten, Mimiken – diese Liste ist unendlich. Und doch merkt heute jeder: All diese Symbole sind verlottert.

Das Grundproblem der Modernen ist nicht, dass sie keine Symbole mehr produzieren kann, sondern dass ihre Symbole immer mehr mit Geld durchsetzt sind, ja, dass ihre Symbole Geldförmigkeit erhalten. Für diesen fatalen Prozess gibt es ein Indiz: die Inflation immer gleichbedeutende Symbole. Immer wenn es mit einer Zivilisation abwärts gegangen ist, brach eine panische Symbolproduktion aus und vor allem: Alle Symbole begannen, sich zu gleichen, wurden zu Zeichen. Doch das ist nichts als der Gang der modernen Immanenz: Selbst Fußballstars holt man jetzt vom Podest herunter und behandelt sie wie Alltagsmenschen.

Inflation ist somit nicht nur eine Krankheit der Geldmenge; eines Geldes, das sich von seinem Substrat verabschiedet hat; und einer Menge, die wie jede kritische Menge, sich ihrer eigenen fatalen Gesetzmäßigkeit verschrieben hat. Nein, Inflation ist auch und vor allem die panische Produktion von Zeichen in einem Moment, wo die Symbolhaltigkeit der Symbole ausgedient hat und durch unendlich produzierbare und reproduzierbare Zeichen ersetzt werden muss.

Dieser (gesellschaftliche!) Emissionszwang ist von ganz hervorragender Bedeutung. Auch hier muss die Fatalität des Prozesses unterstrichen werden, eine Fatalität, die jede Verschwörungstheorie mit Lügen straft. Denn es gibt gar keine andere Wahl als diese Substitution der Symbole durch Zeichen, als diese *semiologische* Durchsetzung jeder Form von Legitimität. Es anders (als Verschwörung, Perversion, Ausbeutung usw.) zu sehen wäre vollends den systemimmanenten Charakter dieser der Modernen innenwohnenden Funktionsweise mißzuverstehen. Dies ist der Preis der Herabsetzung der Götter, der Preis der Entzauberung. Und es ist ein hoher Preis.

Es versteht sich nun – aus vielen Gründen –, weshalb diese unsere Zeit nicht für notwendig gehalten werden kann, weshalb Kontingenz herrscht. Natürlich ist sie würdelos und besteht nur aus Herabsetzung der Symbole und sie ersetzender Zeichenproliferation, Konsum genannt, doch sind solch moralische Verurteilungen so wirkungslos wie die Epoche, aus der sie stammten – der Konsumgesellschaft. Was es zu verstehen gilt, ist vielmehr das neue Organisationsprinzip der modernen Gesellschaft, in der Geld sowohl Richtschnur, Prinzip und Ordnungsrahmen abgibt, eine Gesellschaft, die sich damit begnügen muss, von Fall zu Fall, situativ und in großer Unbestimmtheit zu existieren. Diese Faktizität ist durch keine Revolution mehr zu bereinigen, und will man Reformen anstreben, so wäre man gut beraten zu wissen, wovon und was eigentlich der Fall ist.

Globalkrise und Gleichgültigkeit

Vergleicht man die ungeheure Wertezerstörung der heutigen Krise mit der vorhergehenden Jahrhundertkrise von 1929, dann fällt auf, wie gelassen, ja fast gleichgültig man dieser Krise gegenübertritt. Das Kartenhaus des Finanzkapitalismus fällt zusammen und man schaut zu, mitleidlos mit den Betroffenen, fassungslos vor den Zuständen und würdelos vor den Verantwortlichkeiten. Und kaum ist der Medienrummel zu Ende, beginnen die Blutegel der Finanz wieder ihr fatales Geschäft. Als gehöre diese Form von Spekulation zur Logik des Systems, wird sie rücksichtslos weiter betrieben, umrahmt von moralischen Appellen an die Vernunft der Politiker, getilgt durch die Geldpumpen der Zivilgesellschaft und getragen durch die Geduld der Betroffenen. Dazu gehört, dass drei Fragen, die jeder Schuljunge hätte stellen können, nie und nimmer gestellt worden sind:

1. Wer hat von dieser Finanzkatastrophe profitiert?
2. Wer sind die Schuldigen?
3. Wann und durch wen werden sie bestraft?

Ich möchte nicht einem primären Anti-Amerikanismus verfallen, aber auch verhindern, dass der heute grassierende Anti-Anti-Amerikanismus uns dazu verleitet, vor den Ursprüngen und den Ursachen dieser Krise die Augen vollends zu verschließen. Um es einmal direkt auszusprechen: Diese Krise ist eine amerikanische Krise, wie die Krise von 1929 eine amerikanische Krise war. Die Krise von 1929 war einer der Hauptgründe des Nazismus. In Nürnberg wurden die Schergen verurteilt, so gut es ging; nur gibt es kein Wirtschaftstribunal, vor dem sich die Hauptakteure des «Jahrhunderts der Exzesse» (Eric Hobsbawm) zu verantworten hätten. Natürlich kann eingewandt werden, Europa und der Rest der Welt seien damit verflochten gewesen (immer das gleiche Argumente, das gescheit klingt, aber im Grunde nur eine Verwässerung der Verantwortlichkeiten darstellt), profitierten davon, ließen geschehen, aber sie sind und waren nicht an der Wurzel dieser Krise – weder dieser Krise noch der Krise von 1929. Heute brüsten sich die Politiker damit, ihre Länder mehr oder weniger von der Krise verschont zu haben, im Klartext: sich nicht so sehr wie andere auf diese fatalen Netzwerke eingelassen zu haben. Dieses Argument wird jedoch nur vorgeschoben, um nicht die Schuldigen beim Namen zu nennen. Man muss kein linksradikaler Aktivist sein, um zu sehen, dass die Krisenherde eng umschrieben werden können – hier in der Londoner City, dort in jener Avenue in Brooklyn. Die Adressen sind bekannt, und sie wurden nicht einmal seit 1929 geändert. Aus welchem Grunde wurde diese Frage, diese fast lachhaft naive Frage nicht gestellt? Hatte man Angst, den Schuldigen beim Namen zu nennen? Die Antwort ist ja.

Es reicht nicht aus, scheinheilig zu bekennen, es sei heute nicht an der Zeit einen Sündenbock zu suchen (auch 1929 hätte man diese Absurdität aussprechen können, nur dass Amerika nicht ein Sündenbock, sondern ein Attentäter war und dass der Sündenbock vier Jahre später zum Vorschein kam – nicht als J. Pierpont Morgan, sondern als Moischele Grünspan irgendwo in Polen!). Diese Gleichgültigkeit der Krise gegenüber ist kein Fatalismus, kein Zynismus, kein moralischer Verfall – um es einmal großartig auszusprechen: *Es ist der Wandel einer gesamten Seinsordnung.* Darin eingeschlossen die Werte, Normen und Gebote, aber weit über sie hinausgehend ist es der Status jedes Dinges, jedes Wesens, jedes Seins. Hier haben wir einen *ontologischen Wandel* vor uns, so wie er sich seit mehr als einem halben Jahrtausend nicht ereignet hat. Das Geld sollte man in *diesem* Sinne ernst nehmen; nicht als wirtschaftliche Gegebenheit, als Zahlungsmittel oder als Tauscheinheit, sondern als ein besonders konzentrierter Ausdruck der gesellschaftlichen Einheit, die es produziert. Aber hinter dieser Einheit, und das ist die außerordentliche Schwierigkeit, der wir uns stellen müssen, muss eine neue Seinsordnung, eine neue Ordnung der Dinge, der Menschen und der Handlungen erblickt werden, die nur durch Analyse der Geldlogik ermittelt werden kann.

Die Moderne beginnt in dem Augenblick als die Menschen ihre Herzen im Taktrhythmus haben schlagen hören. Dieser Moment kann genau datiert werden. Wir schreiben das Jahr 1618 und kein geringerer als René Descartes ist es, der ein kleines Traktat verfasst, das den Titel *Musicae Compendium* trägt. In diesem Traktat gibt er die erste historische Beschreibung des Taktrhythmus wieder. Bis zu diesem Zeitpunkt und noch Jahrzehnte über ihn hinaus behandelte man den Rhythmus nach den Verhältnissen der Proportion und der Mensur. Und das war in allen traditionellen Kulturen der Welt so. Überall herrschten komplexe Rhythmen, den Taktrhythmus eingeschlossen, die sich am Gegenstand der Musik orientierten (wie z.B. den Strophen eines Gesangs) und sich so von aussen her der Wahrnehmung einprägten. Bei Descartes ereignete sich dreifaches: 1. es gibt nur noch einen Rhythmus, den Takt- oder Binärrhythmus, der sich an die Stelle aller anderen Rhythmen setzt, 2. er prägt sich nicht von aussen *auf* die Wahrnehmung, sondern entstammt *aus* dieser Wahrnehmung selbst und 3. der ganze Prozess ereignete sich unbemerkt. So unbemerkt, dass es fast 400 Jahre brauchte, bis der deutsche Philologe Eske Bockelmann auf diesen wahrhaft revolutionären Fund stiess. Denn von diesem Augenblick an begann ein unaufhörlicher Prozess der Binarisierung der Rhythmuswahrnehmung, das monotone Tik-tak, das schliesslich die ganze Welt umfassen sollte. Doch welches waren die Ursachen dieses Prozess? Wie konnte sich, dermassen massiv aber unbemerkt, eine solch fundamentale Veränderung der Wahrnehmung ereignen? – Aber es kommt noch besser. Denn bevor ich die Katze aus dem Sack lasse und auf diese Ursachen zu sprechen komme, will ich auf eine andere *zur selben Zeit* stattfindende, genauso dramatische Umwälzung, diesmal nicht der Wahrnehmung, sondern eines gesamten Begriffsfeldes, hinweisen. Es ist dies die Bedeutung des Tauschhandels. Restlos alle traditionellen Kulturen interpretierten ihn nach dem Muster «des einen Vorteil ist des anderen Nachteil». Ich betone: restlos alle. Doch wird man schnell bemerken, dass das ja gar nicht unsere moderne Vorstellung des Tausches darstellt. *Unsere moderne* Vorstellung ist ja bekanntlich das «Win-Win-Spiel»: des einen Vorteil ist des anderen Vorteil. Denn, wie einmal Joseph Schumpeter bemerkt hatte, wer ginge für seinen Nachteil wohl tauschen? Wer, wenn nicht derjenige, der keine andere Wahl hat, sich täuschen lässt, sich vor der Gewalt beugt oder kopflos handelt. Doch die Regel in der Moderne ist das Positivsummenspiel. Auch hier also ein fundamentaler Wandel, der dieselben Charaktere aufweist wie der Wandel der Rhythmuswahrnehmung: 1. alle traditionellen Tauschformen (inklusive der Gabentausch) werden durch diesen modernen Tauschhandel progressiv ersetzt, 2. auch hier handelt es sich um einen *endogenen* Wandel der Tauschvorstellung, der 3. grösstenteils unbemerkt, auf jeden Fall aber unreflektiert, vonstattenging. Und dieser Wandel ereignete sich exakt im selben Zeitraum wie der Wandel der Rhythmuswahrnehmung: am Ende des «langen 16. Jahrunderts» (1450-1620). Abgesehen von wenigen Ausnahmen (Jacob Viner, Louis Dumont), deren Ausführungen nicht beachtet wurden, stossen wir auch hier auf ein Rätsel. Wie kam es zur Transformation einer solchen Grundnorm menschlichen Verkehrs? Und wie konnte eine solche Veränderung so lange unbeachtet bleiben? Man müsste dabei einen 4. Aspekte einräumen: in beiden Fällen reagierte die Wissenschaftsgemeinschaft auf dieselbe Art und Weise: mit Grabesruhe. Warum diese Diskretion, diese Stille? Doch das nur nebenbei. Weitaus wichtiger ist die Auseinandersetzung mit den Ursachen dieser beiden doch so unterschiedlichen Umwälzungen. Befragen wir den ersten Wandel, den Wandel der Rhythmuswahrnehmung. Nachdem er alle möglichen Ursachen technischer, wirtschaftlicher oder kultureller Natur geprüft und verworfen hat, kommt Bockelmann *in sozusagen letzter Instanz* auf eine radikal sich verändernde «gesellschaftliche Synthesis» zu sprechen, einem neuen *impliziten* Gesellschaftsvertrag, der ganz ausgeprägt durch den Geldhandel bestimmt ist. Zu Beginn des 17. Jahrhunderts beginnt in der Tat in Europa ein massiver Monetarisierungsprozess. Getragen durch monetäre Innovationen und einen nach den Religionskriegen wieder einsetzenden Handel, dringt das Geld, d.h. der Gebrauch von Münzen, das Abrechnen, das Zahlen, das Planen in Geld, in sämtliche Schichten der Gesellschaft ein. So scheiden sich zwei Sphären aus, die Geldsphäre und die Warensphäre, deren gegenseitige Funktionsbestimmung das *implizite* Fundament einer neuen Gesellschaftsform bildet. Die Warengesellschaft war geboren, doch ihr geheimer Drahtzieher war das Geldmedium, das jeden und jedes auf ihren Nenner brachte; und damit die mechanische Form der elementaren Tauschgleichung auf jede Art von menschlichen oder sachlichen Verkehr legte. Der monotone Ablauf von Kauf und Verkauf, von Ware gegen Geld und Geld gegen Ware, rhythmisiert zunehmend alle gesellschaftlichen Verkehrsformen, die sich in einer neuen Denkstruktur verdichteten. Hier sei, so Bockelmann, der Ursprung des binären Rhythmus zu ergründen. – Gehen wir einen Schritt weiter und suchen nach Erklärungen für die zweite Form des Wandels, den Wandel der Bedeutung des Tauschhandels. Zur gleichen Zeit als dieser Binarisierungsprozess sich einschaltete ereigneten sich astronomische Entdeckungen, die das antike Weltbild ins Wanken brachten. Der unter Gottes Blick wohl behütete, geordnete und geschlossen-endliche *Kosmos* wich einem *Universum,* das unendlich, unbehütet, ungeordnet und offen war. Es ist zu vermuten, dass der Bewusstseinsschock, den die Menschheit dadurch erlitt, bis heute noch nicht verkraftet worden ist. Der Schmerz, sich auf einem verlorenen Raumschiff zu befinden, einem winzigen Sandkorn in der Unendlichkeit des Raumes, von Gott scheinbar verlassen, konnte nur durch Mobilisierung einer ganz massiven Illusion erträglich gemacht werden; der Illusion nämlich, dass durch die Sprengung des limitierten und geschlossenen Kosmos der Zugang zu einer unendliche Fülle von Ressourcen möglich sei. Es sind nicht nur die goldbeladenen Fregatten, die seit Beginn des 16. Jahrhunderts ganz Europa mit Edelmetallen überfluten und den materiellen Beweis einer solchen Fülle antraten, es ist auch hier eine neue Denkordnung entstanden, die mit der antiken Tauschregel brach. Denn diese Tauschregel der Kompensation von Gewinn und Verlust eignete sich für limitierte Ressourcen. Ist eine Ressource limitiert und verteilt, so macht sich die Tatsache, dass ich für mich mehr als das mir zustehende Mass beanspruche, damit bezahlt, dass ein Anderer weniger als sein Mass beanspruchen darf. Die Illusion der Moderne ist also die Fiktion unlimitierter Ressourcen, wo mein Übermass nicht kompensiert zu werden braucht, ja, wo dieses Übermass sogar zu neuen Übermassen führen kann. Dadurch befreite sich der Warenhandel von seiner antiken Missachtung und wurde zum Ferment einer neuen Wirtschaftsordnung.

Taktrhythmus und «Win-Win-Spiel» sind eng miteinander verzahnt. Nicht nur kamen sie als universelle Wahrnehmungs- und Handlungsmuster zur gleichen Zeit auf, sie sind beide Ausdruck der modernen Denkstruktur, deren Wirkung und Wirkungsmacht bis heute – da Bockelmanns und mein Fund kaum zehn Jahre alt sind und von der Wissenschaftsgemeinschaft kaum wahrgenommen wurden – weitgehend unbekannt sind. In einem nächsten Buch werde ich diese Zusammenhänge näher beleuchten.

Soviel also zu diesem ontologischen Wandel, zu dieser neuen Seinsordnung, die ganz intim mit dem Geld und seiner Logik verbunden ist. Kurzum, Geld stiftet eine neue gesellschaftliche Einheit, in der es nicht mehr Vermittler ist, sondern zu einem Medium wird, das seinen Zweck in sich selbst trägt, nach Aristoteles, eine *Entelechie.*

Denn Geld beginnt von dem Moment an, wo diese Einheit künstlich geschaffen wird. Dies die Kurzformel der Genese des Geldes: Geld entsteht, indem es einem Sozialverband eine neue Form der Beziehungen (zuerst zu den Dingen, dann zu den Menschen) auferlegt. Es ist zunächst nicht als Ding zu betrachten, sondern als Vermittler einer noch nicht einsichtigen Ordnung.

Wir nehmen damit eine gegenüber Aristoteles komplementäre Position ein. Wie wir bereits sahen, betrachtete Aristoteles Geld als Notwendigkeit des Tausches in einer arbeitsteiligen Gesellschaft. Er ging also von der Annahme aus, dass die Gesellschaftsform bekannt war, dass also das Geld nichts an dieser Form ändern würde oder könnte, sondern nur Probleme des Verkehrs zu lindern hülfe. Von dem Moment an, wo der Einzelne nicht mehr Selbstversorger ist, muss sich der Schuster seine Wassermelonen durch Tausch ergattern. Und da Naturaltausch «Sandalen gegen Wassermelonen» eine komplizierte Angelegenheit ist, «erfand» man das Geld, um diesen Tausch zu erleichtern. Statt nun in ein endloses Feilschen zu versinken, mit enormen Transaktionskosten, schaffte sich die *polis* ein praktisches Medium und einen Ort, um diese Geschäfte mit so wenig Aufwand wie möglich zu betreiben. Aristoteles schreitet somit vom Einzelnen zum Allgemeinen, vom einzelnen Tauschakt bis zum Medium, das alle diese Tauschakte in eine funktionierende Einheit verschmilzt. – Komplementär ist unsere Betrachtung, weil sie vom Allgemeinen zum Besonderen schreitet, Geld also als das Medium einer Einheit betrachtet, damit diese Einheit als Einheit überhaupt erscheinen kann. Dies geht weit über den rein diskretionären Staatsakt hinaus. Denn die Regalien sind nicht, wie das Geld, künstliche Güter. Salz, Verteidigung, Post und Transportwesen sind staatlich administrierte Güter, die natürlichen Bedürfnissen entsprechen, Güter, die der Staat vorfindet und dessen Produktion und Verteilung er unter seine eigene Fuchtel nimmt. Nur das Geld ist durch und durch künstlich, und genau diese Künstlichkeit bedarf der staatlichen Garantie. Indem der Staat ein künstliches Medium erschafft, wofür er geradezustehen hat, versichert er sich auch seiner eigenen Künstlichkeit. Dies hat Aristoteles nicht gesehen, konnte er nicht sehen, da er noch nicht über einen solchen Begriff von Totalität verfügte. Es ist wie ein Vertrauenstest. *Der Emittent versichert sich seine eigene Exis-*

tenz, indem er ein Gut produziert, dessen Annahme das Vertrauen in diese Existenz voraussetzt. Nur das Geld hat diese Eigenschaft; eine Eigenschaft, die im systemischen Fachjargon *Autopoiese* und im politischen Jargon *Souveränität* heißt. Der Staat ist Staat, weil er es schafft, einer an sich (fast) wertlosen Sache einen (manchmal großen) Wert zu verleihen. Staatliche Souveränität hat somit zwei Seiten: eine materielle Seite der Finanzierung und eine ideelle des staatlichen Mehrwerts.

Es ist diese Letztere, die schwer zu verstehen ist und die immer wieder zu allerlei Verständnisproblemen geführt hat. Doch Geld und Staat sind *konsubstantiell,* ihre Wesen bedingen sich gegenseitig. Das will nun nicht heißen, dass nur ein Staat Geld schaffen kann; es gibt zahlreiche geschichtlich abgestützte Beispiele von Privatwährungen, die über mehr oder weniger lange Zeitperioden gewirkt haben. Doch zeigen diese Beispiele allesamt, dass solche Privatwährungen immer nur dann entstanden, wenn ein schwacher Staat nicht mehr in der Lage war, den Wert oder die Fungibilität (Mengers «Absatzfähigkeit») seines eigenen Geldes zu sichern. Die Schwäche eines solchen Geldes *ist* der direkte Reflex einer Schwäche des Staates, und dies unterstützt den Gedanken einer konventionellen Schaffung des Geldes.

Die Globalkrise, die wir durchleben, ist somit Ausdruck einer Krise der Staatlichkeit, oder gekünstelter: der Gouvernementalität. Die Staaten sind nicht unregierbar geworden, wie man früher behauptete, es ist die Regierbarkeit der Gesellschaften, die immer weniger des Staates bedarf. Heute geschieht sie immer mehr über Privatfirmen, Netzwerke, durch allerlei internationale Behörden und die schiere Faktizität, durch jedes erdenkliche Mittel, den Schein kapitalistischer Normalität zu wahren. Deshalb dieses endlose Abschieben von Verantwortung, diese Unfähigkeit, Maßnahmen zur Eindämmung der Krise zu erlassen.

Eine Analyse dieser Krise ist erst möglich, wenn man eine klare Auffassung der durch Geld gestifteten neuen Seinsordnung hat. Um es so einfach wie möglich darzustellen: In der alten Welt, in deren Vorstellungen wir immer noch leben und denken, hatte jedes Ding, jede Kraft, jedes Wesen eine ihm zugeschriebene Stelle. Die Welt war in Ordnung, wenn man am Morgen den Füllfederhalter am gleichen Platz fand, wo man ihn am vorigen Abend gelassen hatte. Es ist *mein* Füllfederhalter, *genau da* an diesem Platz; und es ist dieser *bestimmte* Füllfederhalter, kein anderer. So hielten wir es mit Personen, Situationen, Umständen des Lebens, Dingen usw. Und es ist wahr, dass wir gerne all diese Sachen wiederfinden, deren Unverrücktheit uns beruhigt. Wir haben geradezu eine Nostalgie entwickelt, einfachste Umstände und Zustände so wiederzufinden, wie wir glaubten, dass sie einmal waren, und wir reagieren immer aversiver gegen Verrückungen aller Art. Diese Aversion ist nicht ein Alarmsignal, als ob wir endlich Ruhe in unsere Ordnung bringen möchten. Diffus und konfus nehmen wir wahr, dass da eine andere Ordnung sich ausgebreitet hat, die, nicht mehr aus Substanzen, sondern aus Funktionen – wir würden sagen, die aus *Beziehungen* – besteht. Es ist das, die Geldordnung. Sie entledigt jedes Ding seiner Substanz und setzt es sodann in Beziehung zu anderen.

Eine solche Welt aus Beziehungen ist *akephal,* kopflos. Sie besteht aus Netzwerken, kritischen Knoten und Pfaden, die aufeinander durch einen universellen Rhythmus abgestimmt sind. Darin erscheint der Staat immer mehr als pure Nostalgie, dessen Funktion es nicht mehr ist, zu entscheiden und zu proklamieren, sondern nur noch zwischen immer mächtigeren Sachzwängen (Umwelt) und immer mächtigeren Spezialinstitutionen zu schlichten. Man wirft heute den europäischen Staaten ihren Nationalegoismus, ihre Kurzsichtigkeit, ihr Opportunismus, ja sogar eine gehörige Portion Zynismus vor. Das mag alles stimmen. Nur vergisst man dabei, dass der Handlungsspielraum dieser Staaten ein anderer geworden ist. Als Spielbälle in einem globalen Netzwerk, wo selbst große Staatenblöcke keinen kausalen Einfluss mehr haben, müssen sie sich darauf beschränken, Signale zu setzen, den kritischen Moment abzuwarten, in Grenzbereichen zu intervenieren, provisorische Koalitionen zu bilden, kurzum: niemals mehr dezisionistisch handeln zu können. Wir müssen uns damit abfinden, dass der politische Voluntarismus einer anderen Ära angehört. Im gleichen Sinne wie das globale Geldsystem immer ultrastabiler wird – so sehr, dass kein (humaner) Preis hoch genug sein wird, um diese Ultrastabilität weiterzuziehen –, im gleichen Sinne sind politische Einflüsse, welche über diesen Preis verhandeln wollen, folgenlos.

Nicht umsonst entscheiden sich heute Überleben und Lebensqualität ganzer Nationen am alleinigen Geldkriterium. Griechenland, Irland, Portugal werden an den europäischen Geldtropf gesetzt, indem just ihre Regierungen bevormundet werden und das Land selbst in ein Netzwerk integriert wird. Es sind keine Kriege mehr nötig, denn Kriege befassen sich mit den alten Dingen, deren Stelle feststellbar ist. Nicht umsonst hat der Ausdruck Stellungskrieg Geschichte gemacht. Anstelle des Krieges gilt *Subsumption,* Unterstellung – nicht unter ein höheres Ganzes, sondern unter ein Geflecht von Beziehungen, deren Gleichrichtung, Synchronie und Rhythmus einer unglaublich komplexen Justierung bedarf; eines *art of fine tuning,* dessen Grundeinheit Zahlungen sind.

Daher ist die Globalkrise dieser Tage eine ganz und gar technische. Die Schuld der Amerikaner an diesem gigantischen Schlamassel ist nicht, profitgieriger und rabiater gehandelt zu haben als alle anderen, sondern einmal mehr nicht verstanden zu haben, dass auch sie in diesem Netzwerk subsumiert sind, dass auch sie den Gesetzen der Synchronisierung der Ströme unterliegen. Sie können sich damit trösten, dass nicht nur sie die Hauptkosten der Abstimmungen in diesem Netzwerk zu tragen haben, sondern noch viel fragilere Glieder wie die Iren und die Griechen. Moralisch verwerflich ist sodann nur, dass sie glauben können, nichts damit zu tun zu haben (geschweige denn zu wissen, wo sich diese winzigen Länder auf der Landkarte befinden).

Nicht in den Mund
Geldbefreiung (II) – ästhetisch

Olet or non olet, that is the question – Geld solle man nicht in den Mund nehmen – so eine der vehementesten Weisungen meiner Mutter: «Du kannst dir nicht vorstellen, sagte sie, durch wie viele Hände dieses Geld gegangen ist.» Unterstellt wurde: 1. dass diese Hände allesamt schmutzig waren, 2. dieser Schmutz sich auf dem Geld ablagerte und 3. für die Gesundheit desjenigen, der das Geld in den Mund nahm, abträglich sei. Man solle sich nach Gebrauch mit dieser fäkalen Materie geschwind die Hände waschen, hieß es danach. Es war aber gar nicht meine Absicht gewesen, Geld in den Mund zu nehmen, welch seltsame Idee. Also schnupperte ich daran. Und in der Tat: Geld, ob Noten oder Münzen, riecht nicht sonderlich gut, aber andererseits *riecht* es auch nicht sonderlich. Münzen riechen nach Metall, alte Scheine haben einen leicht süßlichen, neue dagegen einen höchst künstlichen Geruch. Aber Geld stinkt nicht. Auch Schmutzspuren fand ich nur sehr selten auf dem Geld. Scheine können völlig abgegriffen und verwittert sein, Münzen erhalten eine Patina, doch von Schmutz keine Rede. Manchmal, in Frankreich, fand ich Notizen, ein Wort, eine Rechnung, das der Banknote mit auf den Weg gegeben wurde.

Mutters Weisung hatte also einen anderen Sinn, als mich vor viralen Verseuchungen zu bewahren. Immerhin: Als ich im Februar 1963 an Diphtherie erkrankte, gab ich dem Geld die einzige Schuld. Ich hatte ein Geldstück erhalten, damit ich in der Migros in Weinfelden das für mich wohl edelste Transferobjekt ergattern konnte: ein Bleistiftetui. So sehr drückte ich den Fünfliber in meiner Hand, dachte ich mir im Nachhinein, dass seine Viren in mich eingedrungen und mich mit Diphtherie verseucht hatten. Das war wohl der Preis für ein Transferobjekt. Während den langen Wochen der Quarantäne, wo mich nur mein Schutzengel, Frau Völki, besuchen durfte, versuchte ich immer wieder die Gleichung

Geld = Bleistiftetui = Diphtherie

durchzuspielen. Ohne Erfolg. Vielleicht hatte diese maßlose Freude am (monetären) Transfer zum Transferobjekt etwas Blasphemisches, war sie, diese Freude, irgendwie abartig, unnatürlich, und ein göttlicher Ingrimm hatte es mir heimgezahlt. Von nun an schnupperte ich nicht einmal mehr am Geld, aber ich klammerte mich auch nicht mehr daran, wie damals, 1963, in der Mittel-Thurgaubahn. Von nun an gab es für mich nur noch einen Begriff für Geld: den der Abschätzigkeit.

Doch ein kurzer Blick in der *Schweizer Ärztezeitung* (2008) belehrt uns eines besseren. Hier wird von amerikanischen Experimenten berichtet, die versuchen, anhand von Banknoten die weltweite Übertragung von Epidemien nachzuverfolgen; anscheinend sind Banknoten ideale *«marker»,* die man infizieren und deren Zirkulation man genau nachverfolgen kann. Weiter wird von Studien berichtet, die belegen, dass die Banknoten – nicht mehr aus Papier, sondern aus Baumwolle – ideale Krankheitsherde sind, aus dem einfache Grunde, weil sie das menschliche Sputum länger am Leben erhalten als andere Milieus. Wie dieses Sputum auf die Banknote kommt, darüber möchte ich lieber schweigen ... Und schließlich, dass in Irland 2007 praktisch alle Banknoten Spuren von Kokain aufweisen (man snifft Kokain bekanntlich auf diese Weise) (dass die Nase nachher rinnt, würde unsere Sputum-These teilweise verifizieren) usw. usf. *Pecunia olet,* so das Fazit der Kolumnistin der *Ärztezeitung,* es stinkt also tatsächlich, nicht nur symbolisch, wie im Sinne meiner Mutter, sondern auch real. Doch was ist hier dreckig? Es ist nicht das Geld, es ist das Material, aus welchem das Geld besteht, und die Tatsache, dass dieses Material so oft die Hand wechselt und gar zur Nase geht. Notengeld gehört denn auch zu den Gegenständen, die kollektiv, massiv und anonym genützt werden. Wie die Griffe von Zugstüren, die Beläge öffentlicher Bauten, medizinische Apparaturen oder Hotelgeschirr ist es ein kollektives Gebrauchsgut, das im Gegensatz zu diesen nicht geputzt oder gewaschen werden kann.

Natürlich war das nicht der Grund des Ingrimmes von Vespasians Sohn. Er monierte einfach die Bereicherung durch die Bezahlung elementarer Leibesverrichtungen. Der philosophische Sprachkünstler Peter Sloterdijk unterscheidet bekanntlich in seinem Erstlingswerk, das ihn auf einen Schlag berühmt machte, der *Kritik der zynischen Vernunft,* zwischen Oletisten und Non-Oletisten, Menschen, die glauben, dass Geld ruchbar ist oder nicht. «Mit nichts verträgt sich die kapitalistische Wirtschaftsform so gut wie mit den humanistischen Klagen über die sittenkorrumpierende Wirkung des ‹allmächtigen› Geldes» (1983, II, S. 580), sagt unser Stardenker. Dieser «Tauschzynismus», der in der Prostitution seine höchste Ausprägung findet, beruhe auf der Verführbarkeit der Individuen, nicht auf der Anrüchigkeit des Geldmechanismus, der «an und für sich» moralisch neutral sei. Dass sich der Kapitalismus sehr gut mit dem Geld arrangiert und selbst noch seine Kritik für sein Weiterwuchern umfunktioniert, heißt aber noch lange nicht, dass dieses Medium wertneutral wäre. Geld stinkt auf einer höheren Ebene als in der Kloake. Aber das ist gerade seine Verheißung. Stänke es wie eine Kloake, so wäre man vor seiner Korrumpierung gefeit. Man könnte dann sagen: Suhle sich darin, wer will – nur dürfe man darnach nicht behaupten, es sei ein Jungbrunnen gewesen. Nein, nicht dass es alles auf Kloakenniveau herunterzöge, ist seine Verheißung, ruchlos ist es – man verzeihe mir das billige Wortspiel –, weil es geruchlos ist. Nein, weil es geruchlos geworden ist. Wir wollen diese ästhetische Immunität ein Stück weiter verfolgen, da sie sich ja nicht nur auf die rein olfaktorische Funktion beschränkt.

Keine Reibung mehr – «... und was übrigblieb waren Beziehungen und Funktionen; irre, wurzellose Utopien; humanitäre, soziale oder pazifistische Makulaturen, durch die lief ein Prozess an sich, eine Wirtschaft als solche, Sinn und Ziel waren imaginär, gestaltlos, utopisch, doch im Vordergrund sass überall eine Flora und Fauna von Betriebsmonaden und alle verkrochen hinter Funktionen und Begriff. Auflösung der Natur, Auflösung der Geschichte. Die alten Realitäten Raum und Zeit, Funktionen von Formeln; Gesundheit und Krankheit, Funktionen von Bewusstsein, selbst die konkretesten Mächte wie Staat und Gesellschaft substantiell gar nicht mehr zu fassen, immer nur der Betrieb an sich, immer nur der Prozess als solcher – der selbstläuferische Gesamtbetrieb fordistischer Utopien» (Benn, 1989, p. 266). Soweit Gottfried Benn in einem Text, wo er sich den Nazis anbiedert und versucht, den Expressionismus für die Kulturstrategen des Nationalsozialismus mundgerecht zu gestalten, indem er die Moderne als *Kampf* gegen Entartung darstellte. Dieser Begriff war zu Beginn des 20. Jahrhunderts dank einer breitfrontigen Germanisierungsoffensive von Max Nordau in einem berühmt gewordenen Mammutwerk in aller Munde, und Benn machte sich daran, dem Substanzverlust aller

Wirklichkeiten, die sich nun in «Prozessen» auflöste, den Krieg zu erklären.

Man wird bereits gemerkt haben, dass ich in diesem Büchlein die theoretischen, meist sperrigen Gedanken übers Geld mit alltäglichen, süffigeren, mehrheitlich persönlich erlebten Begebenheiten alterniere. Das soll uns aber nicht über den durchaus dramatischen Charakter des Geschriebenen hinwegtäuschen. Denn die Dramatik des Geldes liegt genau hier – sie spiegelt eine süffige Wirklichkeit vor, in der alles gleitet, in der alles funktioniert, Hand in Hand geht, Zug um Zug, Plan um Plan, ohne Widerstände, ohne Haken, ohne Runzeln. In einer Geldgesellschaft geht alles *wie geschmiert.* Die Große Sorge mit ihrem dunklen Horizont hat sich in kleine Kümmernisse verwandelt. Es geht alles wie geschmiert, und so verpassen wir keine Züge mehr, keine Zahlungstermine, keine Gelegenheiten und *options,* wir gleiten auf einer *reibungslosen* Wirklichkeit, in der die Flüsse optimal gestaltet sein müssen. Wehe, wenn sie zum Stocken kommen, wehe es gibt Staus, Aufenthalte, Umwege und Umfahrungen – da würden die Leute wieder aufeinandertreffen, müssten sich in die Augen schauen, Einhalt gebieten, wahrnehmen, dass sie in den letzten Jahren nur noch in Strömen lebten, dass ihr Leben kein Aufsichselbstsein mehr hatte, keine Berechtigung mehr, nur noch Funktion in einem Ganzen, das auch ohne sie diese Funktionen zum Funktionieren gebracht hätte.

Denn als Gottfried Benn endlich den Geist der Modernen beschreiben konnte, als er feststellte, dass keine Substanzen mehr im Spiel waren, sondern nur noch Funktionen, setzte er noch voraus, dass diese Funktionen einen Sinn, einen Nutzen oder eine Berechtigung hatten. Wenn schon keine Substanz mehr, hätte man sich wenigstens damit trösten können, diese Substanzlosigkeit, diese innere und soziale Leere durch einen nützlichen Ort im Getriebe zu kompensieren. Daher seine Idee des Kampfes der Modernen gegen die Entartung. Doch heute gibt es nur noch leere Plätze, und die Wirklichkeit derer, die sie besetzen, enthält (zum Glück für sie) eine ganze Reihe von Begriffen *nicht mehr,* darunter den Begriff des Nutzens, der hätte darüber entscheiden können, ob ein Platz nützlich ist oder unnütz. Heute genügt es, vergnügsam zu sein.

Schmieren – Geld ist bekanntlich ein Schmiermittel. Schmiergeld ist dazu da, Erwünschtes schneller, billiger oder überhaupt zu erhalten. Doch Ökonomen denken nicht *daran*, wenn sie ans Schmiermittel denken. Sie denken, wie einst Aristoteles, an die Tauscherleichterung. Schmieren ist somit ein Doppelbegriff: im Singular «schmiert man die Hand», wie man im Französischen sagt, *on graisse la patte,* man schmiert eben; als Kollektivbegriff, schmiert man den gesamten Tauschmechanismus. Wie wir jedoch mit Georg Simmel noch sehen werden, gelangt das Geld aber mit zunehmender Dematerialisierung in immer intimere Zonen unseres Gesellschaftslebens und unseres Menschenlebens überhaupt. Es schmiert auch da, wo nicht mehr geschmiert zu werden braucht. Und da wird es interessant – aber auch gefährlich.

Geld ist ein Medium, d. h. ein Vermittler. Ein Vermittler baut bekanntlich eine Brücke zwischen zwei verschiedenen Gegenständen, Menschen, Ideen, Ressourcen usf. Beim Geld ist die Sache viel einfacher als z.B. beim Buch als Vermittler: hier geht es um Ware X gegen Ware Y, währenddem das Buch Ideen, Schriftstellerambitionen, Papierpreise, Lesevergnügen u.v.a.m. zu vermitteln versucht. Wie grob- oder feinkörnig nun der Vermittler ist, darob hat man sich bislang keine Frage gestellt. Grobkörniges Geld ist schwer, schwerfällig, schwer zu teilen und zu tragen – es lässt sich nur zwischen breiten Furchen des Verschiedenen benützen. Wenn ein Bedürfnis unstillbar groß geworden, wenn es keine andere Wahl mehr gibt, als Gut X gegen Gut Y auszutauschen, dann wird selbst grobkörniges Geld nützlich. Sicherlich war einer der Gründe der Geldentwicklung diese Notwendigkeit, Einigung im Tausch zu erzielen. Und da half selbst grobkörniges Geld, d. h. ein per Konvention ausgeschiedener Gegenstand, der als allgemeines Tauschmittel akzeptiert wurde – aber ein Tauschmittel, dessen Transaktionskosten verhältnismäßig groß waren. Dabei gelten zwei Grenzen: Die obere sind die maximal zu veranschlagenden Kosten des Gebrauchs dieses Gegenstandes; sind sie höher als der Naturaltausch, so wird darauf verzichtet; man feilscht weiter. Ob und wie man diese Kosten festlegt, ist eine komplizierte Angelegenheit, die nicht von Fall zu Fall gelöst werden kann. Sie bedarf einer Usanz, dann einer Routine, um bis zur Konvention zu gelangen. Die untere Grenze wird von den Tauschgegenständen geschrieben; denn sie bedürfen nicht notwendigerweise des Geldes, um zirkulieren zu können. Überall wo ihr Wert festliegt, wo der Tausch nur Gegenstand gegen Gegenstand gilt, wo diese Werte so klein oder zu schwer messbar oder so einzigartig sind, wird Geld unnötig. Nun haben sich diese Grenzen historisch verändert: Nicht nur ist die obere Grenze immer weiter nach oben geschoben worden, indem die Transaktionskosten verringert wurden, auch die untere Grenze, die Grenze der Geldtauschbarkeit, wurde nach unten verlagert: Immer mehr Gegenstände beugten sich dem Geldmaß. Diese doppelte Vergrößerung des Geldradius, machte aus ihm ein immer feinkörnigeres Medium. Mit den ersten Wechseln, der Erfindung des Papiergeldes und schließlich seiner Elektronifizierung verästelte sich das Geld bis in die feinsten *Haarrisse* unserer Lebenswelt – und ist heute im Begriff, unter die Schwelle jeden möglichen Bewusstseins zu gelangen.

Wir hatten weiter oben eine erste Geldbefreiung in Szene gesetzt, die Befreiung von der Sorge. In *Die unerträgliche Leichtigkeit des Seins,* schafft es Milan Kundera exemplarisch, den Preis für diese Befreiung festzulegen.

Man erinnere sich an die Geschichte: Während des Kalten Kriegs lernt der Prager Chirurg Tomas die Serviertochter Teresa kennen. Es beginnt eine lebenslange Affäre, eine Affäre zwischen zwei Individuen mit sehr verschiedenen Geschichten und Wertordnungen. Trotz der ständigen Untreuheiten Tomas', erduldet Teresa ihr Schicksal. Denn sie erahnt den Unterschied ihrer beiden Sexualvorstellungen; sie, noch in Traditionen verwoben, er, Tomas, schon im Kult der «freien» Liebe. Daher stellt sie Tomas lange Zeit nicht zur Rede, sondern erträgt sein Verhalten. Nach dem Prager Frühling fliehen Teresa und Tomas in die Schweiz. Dort findet Tomas rasch Arbeit als Chirurg und erneuert sein altes Verhältnis zu einer früheren Liebschaft, der Malerin Sabina. Teresa dagegen tut sich schwer mit dem Leben im freien Westen, in der unbekümmerten Schweiz, kurz, mit der «unerträglichen Leichtigkeit des Seins». Sie flieht vor Tomas und seinen Affären zurück in die Tschechoslowakei. Doch Tomas folgt ihr aus Liebe nach Prag, gerät dort aber bald mit der neuen Parteilinie in Konflikt, da er sich weigert, einen während des Prager Frühlings verfassten Zeitungsartikel zu widerrufen. Er wird gezwungen, seine Karriere als Chirurg aufzugeben, und lernt als Fensterputzer eine neue Auffassung von Arbeit kennen. Da Teresa Tomas' Affären und die bedrückende Atmosphäre von Bespitzelung und Verrat in Prag nicht mehr erträgt, zieht das Paar in ein kleines, abgelegenes Dorf in Böhmen, wo es in einer landwirtschaftlichen Produktionsgenossenschaft arbeitet und zur Ruhe kommt.

Der Klassizismus des Romans ist unüberhörbar, die Erlösung im Kleinod erinnert an Philemon und Baucis. Doch, das Motiv, welches den Roman – oder zumindest sein Titel – zur literarischen Wegmarke gemacht hat, hat mit Sorge und Kummer zu tun. Getrieben durch die Sorge, flohen Tomas und Teresa in die Schweiz, wo sie statt Sorglosigkeit die Leichtigkeit des Kümmerlichen erfuhren; so leicht und so kümmerlich, dass sie es vorzogen, in ihre sorgengeplagte Heimat zurückzukehren. Ist es ein Zufall, dass sie just in der Schweiz, in der Heimat der «Kummerbuben», diese Erfahrung machen mussten?

Doch nun kommt die zweite Befreiung. Nachdem *Anangkè* sich aufgelöst hat, nachdem der Sorgenhorizont licht geworden ist, licht und kummervoll, anerbietet sich ein Medium von immer subtilerer Feinkörnigkeit. Es gilt zu verstehen, dass in einer Zivilisation, die aus Stress und porentiefer Sauberkeit besteht, dieses Medium sich nicht nur an diese Grundpfeiler zeitgenössischer Ästhetik anschmiegt, sondern ihr Fundament darstellt.

Geld ist nicht mehr schmutzig, es stinkt nicht mehr, ganz im Gegenteil: Der Hauptgrund dafür, dass Kreditkarten nicht funktionieren, ist der Schmutz, der sich auf dem Chip befindet. Wie die britische Anthropologin Mary Douglas immer wieder betont hatte, ist Schmutz eine kulturelle Kategorie, oder genauer: Er ist das Zeichen, dass ein Ding im Kosmos der Dinge nicht an *seiner* Stelle ist. Befinden sich Haare auf der Bürste, so wird das nicht als Schmutz empfunden, in der Suppe hingegen ... Doch lassen sich Mary Douglas' Beobachtungen verallgemeinern? Wie hat sich die Kategorie des Schmutzes zivilisatorisch entwickelt und was hat diese Veränderung in der Schmutzvorstellung des Geldes bewirkt?

Im antiken Kosmos, dessen Denkstrukturen zum Teil noch heute Geltung haben (auch wir finden noch das Haar in der Suppe unappetitlich), hatte jedes Ding, jede Kraft, jedes Wesen seinen Ort, seine Zeitlichkeit, sein Mass, seinen Rang. Im offenen und unendlichen Universum, wo es diese (kosmetische) Ordnung nicht mehr gibt, wo nichts mehr eine *Stellung* hat, sondern nur durch Beziehungen (Benn würde sagen: durch Funktionen) definiert wird, gibt es keinen Schmutz mehr. An seine Stelle sind *Friktionen* getreten, Widerborstigkeiten, Staus, Reibungsverluste, Engpässe, Asynchronien, kurz: wo früher Schmutz war, besteht heute Reibung im freien Fluss. Und das ist ganz bestimmt ein reiner Geldcharakter.

Ästhetisch reduziert das Geld jede Qualität auf eine pralle Zahl; prall gefüllt mit Informationen, die es uns ermöglichen, in den Zahlen- und Zahlungsabläufen reibungslos mitzuschwimmen. Diese Ästhetik der Zahl und der Zahlungen ist zugleich eine Ästhetik des freien Fliessens, daher der Reinheit. Wohlgemerkt nicht einer aseptischen Reinheit, sondern einer friktionslosen Glattheit, in der Abläufe (der Zahlen, des Strassenverkehrs, der Körper, der Sinne usf.) optimiert werden.

Geld und Geist, Geld oder Geist, ist das so einfach zu haben?

Wo wir doch bei den Prinzipien sind, müssen wir zuerst mit einer immer wieder benützten Trivialisierung des Geldes aufräumen, dem Manichäismus von Sein und Haben bzw. von Geist und Geld. *Geld und Geist* (1843/44) ist ein Heimatroman Jeremias Gotthelfs, dessen Bekanntheit dem schlichten Manichäismus von gut und böse zu verdanken ist (gleicher Titel, aber mit anderem Untertitel, aus dem Jahre 1860, bei Gotthelf «oder Die Versöhnung», bei Otto Ruppius «Roman vom amerikanischen Leben»). Da ist einmal die Macht des Habens, das Geldprinzip, dem Aenneli und Christen verfallen und das sie schließlich vom Heimetli verdrängt; und da ist die Macht des Seins, des Geistes, bei Gotthelf die Bibel, die sie schließlich wieder mit dem Leben versöhnt. Dem Haben verfallen, erinnern sich Änneli und Christen an die wahren Werte und finden dank der Bibel den Weg zurück zum Lebenssinn, der nur durch die Ordnung des Seins begründet werden kann. Die gleiche Struktur fanden wir schon bei Kundera: vom Sein der Sorge ins Haben des Kummers, und angesichts der Kümmerlichkeit des Kummers, zurück zur Sorge.

Ja, wenn das nur so einfach wäre (übrigens ein Satz und ein Motiv, die uns durchs ganze Buch begleiten). Wie so oft beim Manichäismus ist das nicht so leicht zu haben: hier Haben, da Sein, als ob sich beide Prinzipien ersetzen könnten. Denn seit Parmenides wissen wir, dass ein Sein immer nur durch ein Nicht-Sein «erkauft» werden muss und dass das Haben ein schwacher Ersatz dafür ist. Wir sollten uns in diesem kleinen Essay nicht auf philosophische Mutmaßungen hinauswagen. Es wäre hier aber notwendig, eine paar Worte über die falsche Alternative von Haben und Sein zu verlieren. Trivialität unter den philosophischen Trivialitäten, tradiert sie die manichäische Formel bis in die Gegenwart. Daher meine Gegenthese: Haben ist nicht Nicht-Sein, es ist allerhöchstens minderes Sein. Die Alternative stellt sich nicht; und wenn sie sich stellt, sind ihre Begriffe einfach falsch.

Man *kann* zwar die Welt so sehen, als ein ewiges Ringen zwischen Gut und Böse, es hat den Charme der Einfachheit, der klaren Verhältnisse, so wie sie alle traditionellen Gesellschaften gekannt haben. Doch diese Zeit ist (fast) vorbei. Wir sehen sie Tag für Tag abklingen. Weit hinaus müssen wir fahren, bis wir wieder klare Verhältnisse gefunden haben, wo der Preis für ein *Brötchen* noch der Preis eines *Brötchens* ist. Wir müssen uns damit abfinden, dass die Moderne eine unübersichtliche Zeit ist, eine Zeit, in der alles möglich, nichts jedoch notwendig ist. Wie wir bereits sahen, wird dieser Zustand in der Philosophie *Kontingenz* genannt. Auch Kontingenz hat ihre Vorzüge; diesmal nicht der Einfachheit, jedoch der Offenheit. Anstatt klar zu sein, klar eingereiht in eine Ordnung der Dinge und Wesen, sind die Dinge und Wesen dieser Welt nicht mehr in einem Schema von gut/böse, recht/unrecht, edel/gewöhnlich, Maß/Übermaß eingereiht, *sondern in einem Möglichkeitsspielraum, dessen Indikator nichts anderes ist als ihr Wert.*

In der traditionellen Gesellschaft, dieser Welt, die wir allmählich verlassen, waren die Dinge geordnet, d. h. nach einer *notwendigen* Ordnung geordnet. Nebenbei gesagt, bin ich einer der Einzigen, der behauptet, dass dieses Verlassen der traditionellen Ordnung ein weitaus längerwieriger und komplexer Vorgang ist, als allgemein angenommen; ich glaube vielmehr, dass wir noch weit davon entfernt sind, uns in einer Zeit zu wähnen, die sich Moderne nennt. Diese Zeit wird kommen, doch unendlich viel langsamer, schwieriger und vermutlich in ganz anderem Gewand als gemeinhin angenommen. Und das setzt zuerst voraus, dass wir uns ein klares Bild dessen verschaffen, was wir heute im Begriff sind, aufzugeben.

Nicht nur wusste in der traditionellen Welt jedermann von Gut und Böse; diese vertikale Ordnung wurde noch durch eine horizontale Ordnung ergänzt, welche die Verhältnisse dieser Dinge zueinander regelte. Der große Wert im traditionellen Kosmos war das *Maß;* nicht das Wertmaß, wie in der Modernen, sondern das Maß der Mäßigung, des Maßhaltens, der besonderen Metrik der Dinge. Ich komme immer wieder auf diesen antiken Kosmos zurück, denn wenn wir nach dem suchen, was am umfassendsten in der Modernen revolutioniert worden ist, dann ist es dieser in sich ruhende Kosmos, der die traditionalen Gesellschaften umgab.

Möglich zu sein heißt auch, gegen eine andere Möglichkeit austauschbar zu sein, gegen ein anderes Ding und Wesen substituierbar zu sein; heißt, seine Einmaligkeit, seine *Unizität* verlieren. Mein Platz hier und jetzt ist nicht mehr ein Unikat, eine besondere Stelle in einer Wesensordnung, sondern eine Funktion in einem Ganzen, das mich ohne Auswirkungen auf dieses Ganze austauschen kann. Was mich anstelle meiner Notwendigkeit an dieser Stelle hält, ist mein momentaner *Wert als Funktion in diesem Ganzen.* Darüber hat uns schon Gottfried Benn belehrt. Mochte diese meine Notwendigkeit minim gewesen sein, selbst der Geringste, der Sklave, der Leibeigene lebte aus dieser Notwendigkeit heraus – und entwickelte Sinn selbst gegen diese Zurichtung. Das ist keine Schönfärberei eines aus unserer Warte gesehenen unerträglichen Unrechtszusammenhanges, den wir zu leben in keiner Weise in der Lage wären. Nein, es zeigt nur, im Unterschied zu den «wilden Gesellschaften», dass wenn ein Leben nicht mehr durch Praxis ihren Sinn gebiert, dieser Sinn durch ein transzendentes System erschaffen werden kann. Dies war, wie wir bereits gesehen haben, die Funktion der Grossreligionen, und der Monotheismen ganz besonders. Dieser Wert braucht nicht nur mein Nutzen zu sein, sondern meine strategische (Macht-)Position, meine besondere momentane Kompetenz oder der reine Zufall. Nicht ich als Person, sondern meine «Person» als immer auch ersetzbares Versatzstück in einer für mich undurchdringbaren Ordnung, das ist es schließlich, was meinen «Wert» ausmacht. Tatsache jedoch ist, dass mit fortschreitender Modernisierung dieser Nutzaspekt stetig in den Vordergrund trat. Und mit ihm das riesenhafte zahlenmäßige Koordinatensystem der Preise, wie es Friedrich von Hayek in seiner Wissensökonomie beschrieben hat. Je mehr das Geld praktikabel wird (fungibel, entstofflicht, universal), desto besser funktioniert diese Wissensökonomie.

Nun muss man aber immer auch denken, dass der Geldgebrauch vielfältige und recht komplexe Gehirnoperationen voraussetzt. Die phänomenale Reduktion eines Dinges (sagen wir einmal: eines Flügels) auf einen schlichten Preis hat zwei Seiten. Den einen hat Friedrich von Hayek gesehen. Er sah, welch unglaubliche Vorteile diese Zahl als Informationskonzentration bringen kann. Anstatt uns ganze Geschichten von Überschwemmungen, Militärputschs, Wasserfluten, Grossisten-Mafias usw. zu erzählen, wissen wir, dass wenn der Preis der Mangofrucht steigt, irgendwo in der Produktionskette dieser Frucht etwas nicht klappt, etwas klemmt, etwas schiefläuft – was genau, muss, soll, darf uns nicht interessieren, kann uns nicht interessieren. Und das, so Hayek, genügt auch schon zu unserer Erbauung. Mit diesem Minimum an Information können wir handeln. Das moderne Wirtschschaftssystem kann mit Analphabeten gut leben, nicht aber mit Menschen, die sich der Zahl nicht bedienen können. Mit Zahlen lässt sich ein Wirtschaftssystem koordinieren, in welchem jeder Einzelne seinen Plänen nachgeht, *ohne auf den anderen achten zu müssen*, ja es ist ein Wirtschaftssystem, das auf dieser Achtungslosigkeit aufbaut. Das Geld ist somit der große Vereinfacher, der jeden Vorgang, jede Menge, jede Qualität auf eine Zahl reduziert, auf die simpelstmögliche Form, die es überhaupt geben kann. Wirtschaft wird so zu einer immensen Zahlenmatrix, in welcher jedes Einzelatom im Rahmen seiner kleinen Freiheit handeln kann, ohne sich um den anderen kümmern zu müssen, ohne Idee um den großen Koordinationsmechanismus, den man gemeinhin und irrtümlich Markt nennt. Die andere Seite ist eine umfassende ästhetische Regression. Statt des Flügels, eine stattliche Summe, jedoch nur eine Zahl. Was würde ein «Wilder» dazu sagen, wenn ein von ihm seelisch beladener Gegenstand durch eine schlichte Zahl ersetzt würde? Was hielte er von solch einer Abstraktion? Ja, wäre sie überhaupt möglich und wie wäre sie möglich?

Genau diese Frage, diese letzte Frage, stellte sich der deutsche Philosoph Alfred Sohn-Rethel (1891–1990) ein Leben lang; ein Leben unter Bedingungen des Exils, der politischen Verfolgung und des Randgängertums, ein Leben, besessen von der Idee, wonach unser abstraktes modernes Denken nicht universell vorhanden, sondern durch unseren Umgang mit Waren geprägt, ja kategoriell bestimmt sei. Indem diese ästhetische Regression handelnd ausgeführt wird, so seine These, bilden wir allmählich Denkformen aus, welche unser gegenwärtiges abstraktes Denken charakterisieren – oder wie es einer seiner kritischen Kommentatoren, der deutsche Philologe Eske Bockelmann, anführt:

> *«Sichtbar ist das Geld heute in all seiner Macht und unabsehbar mächtig. Unsichtbar übermächtig aber ist es als eine Form, in der wir denken: eine Denkform, von der wir nichts wissen, die jedoch unser Wissen und Denken bis in Tiefen bestimmt, vor denen einem nur schwindeln kann. Es war Alfred Sohn-Rethel, dem sich dies als ‹halbintuitive Einsicht› ergeben hatte und der ein langes Leben daran rückte, sie einzuholen; und tatsächlich liegt alles daran, dass sie wahrhaft endlich zur Einsicht wird.»*

Für Bockelmann, über Sohn-Rethel hinausgehend, ist nicht so sehr die durch Warentausch eingeübte Abstraktionsleistung des menschliches Geistes das ausschlaggebende Moment in diesem Prozess, sondern eine neue Gesellschaftsform, eine neue gesellschaftliche *Synthesis*, die sich grundlegend aus dem modernen Geldmedium ergibt. Wir sind hier im Herzen des Reaktors:

> *«Denn», so Bockelmann, «keines der unabsehbar zahlreichen und unüberblickbar ausgedehnten Probleme globaler Zerstörung und planmäßiger Not, das nicht zwingend an die Geldvermittlung gekoppelt wäre, keines, das sich nicht unwiderruflich verschärft, solange es weiter nach der Logik der Geldvermittlung zu gehen hat. Die globalste Umweltkonferenz bleibt ohne einen Hauch von Ergebnis, weil sich vor jeder Veränderung gebieterisch, objektiv und in vollendeter Gleichgültigkeit die Geldlogik erhebt (2008, S. 25).»*

Der Pfad ist, wie gesagt, schmal, um sich an diese Wirklichkeit heranzuwagen. Denn nicht nur hat sich die verborgene

Wirklichkeit hinter der geschmierten, gleitenden, faltenlosen Wirklichkeit verpanzert, sie hat diese Panzerung selbst produziert, sodass wir stets im Verdacht stehen, mit unseren Worten in einer Wirklichkeit herumzuwaten, die eine abgeleitete, fetischisierte Wirklichkeit ist. Wir müssen also nicht nur durch die Panzerung hindurch, mit Denkmitteln, die uns nicht geheuer sind; wir müssen an diese zweite Wirklichkeit heran, mit der einzigen Hoffnung, irgendwelche Gucklöcher zu erhaschen, welche die Entzifferung der Geldlogik uns ermöglicht. Und wir wissen auch, dass durch die immer grösser werdende Feinkörnigkeit des Geldes diese Gucklöcher immer winziger werden.

Der Geldpanzer – Immunisierung durch Geld

Durch diese immer feinkörnigere Form bestimmt das Geld die verschiedenen Tauschakte – nicht nur im Sinne der Käuflichkeit, des Imperialismus' der Zahl und all der gefälligen Pathologien, die man dem Geld unterstellt, sondern indem es ihnen Kategorien auferlegt, die dem Geld eigen sind. Wir hatten von Charakteren gesprochen; in ihre Intimsphäre gilt es nun, näher hineinzublicken.

Seitdem es besteht, hat das Tauschmedium Geld zuerst den Tausch an und für sich (G ==> T), sodann die getauschten Gegenstände nach *seinen* Charakteren geformt; diese *Infizierung* der Gegenstände durch ihr Tauschmedium wurde stets durch eine Neutralitätsthese des Geldes abgewehrt. Doch hinter der geläufigen Kulisse der allgemeinen Geldcharaktere, hinter diesen Banalitäten wie Käuflichkeit, Quantifizierung, Versachlichung (Entseelung) der Gegenstände, denen auch Simmel erlegen ist, verstecken sich subtilere Eigenschaften des Geldes, deren Spurensicherung hier aufgenommen worden ist. Nehmen wir Immunität als heute dominierendes Grundrecht, so müsste dies einer dieser Charaktere sein.

Seit der marxistischen Ideologiekritik wurde immer eine doppelte Wirklichkeit angenommen; eine Wirklichkeit dergestalt, dass die für evident gehaltene Realität eine Fiktion ist, welche eine dahinterliegende objektive Wirklichkeit verdeckt. Das bekannteste Beispiel dieser Vordoppelung ist der *Warenfetischismus.* Als fetischisiert werden menschliche Beziehungen bezeichnet, deren Waren-Charakter als natürlich empfunden werden; es wäre also natürlich, mit seinem Gegenüber, seinem Kollegen, seinem Lebenspartner wie mit einem Staubsauger umzugehen! Einschalten, ausschalten, in den Schrank, aus dem Schrank. Nach Marx'scher Methodik bedurfte es der Ideologiekritik, um zu zeigen, auf welchen objektiven Produktionsverhältnissen diese verzerrten Beziehungen beruhen, in wessen Interessen sie stattfinden und wie mit ihnen aufzuräumen ist.

Ja, wenn das nur so einfach gewesen wäre, wenn durch die Entlarvung der Masken die wahren Verhältnisse zutage getreten wären, wenn..., dann hätte man es gewusst. Nicht nur ist die Revolution nicht eingetreten, oder eben am falschen Ort und aus falschen Gründen, es ist auch keine Erkenntnis entstanden, keine Bewusstseinsnahme der verkehrten Verhältnisse. Es besteht nur das dumpfe Gefühl, irgendwann im 20. Jahrhundert, einen Zug verpasst, eine Chance nicht genutzt zu haben. Zwar behandeln wir unser Gegenüber mehr denn je wie einen Staubsauger, schalten es ein und aus und wechseln es gegen ein neueres Modell bei Bedarf, doch ist die Zeit gekommen, wo wir zwar noch ein leises Bewusstsein einer Verzerrung wahrnehmen, diese Verzerrung selbst aber zum Siegel der Wirklichkeit erheben. Kurz, dieser Fetischismus ist heute einem *Hyperfetischismus* gewichen – so man am Begriff des Fetischs noch hängen mag. Die Wirklichkeit wird als notwendig gebrochene und ihre Brüche, ja ihre Widersprüche werden als Teile, ja als Zeugen ihrer Robustheit (auch so ein neues Wort in Wissenschaft und Politik) wahrgenommen. Klare, ungebrochene Verhältnisse gibt es nur noch im Traum oder in der Filmwelt. Funktion dieser Filmwelt ist nicht mehr, uns über unsere Wirklichkeit aufzuklären, sondern uns über ihre Robustheit zu amüsieren, im besten Falle uns darüber zu trösten.

So gesehen ist Wirklichkeit immer noch verdoppelt, aber nicht mehr so, dass wir durch Entlarvung der Täuschung in die wahren Verhältnisse vorstießen, sondern indem die erste wie ein Panzer von der zweiten produziert wird, damit dieses Vordringen unmöglich gemacht wird und die zweite, dahinterliegende Wirklichkeit zu einem konfusen Schemen wird, einer Ahnung, mit der alsbald aufgeräumt werden kann.

Nehmen wir ein Beispiel, das ich (noch) gut kenne. Der Schweizer ist bekanntlich ein Realist, d. h. ein Mensch, der sich den Tatsachen, so wie sie sich ihm offenbaren, stellt. Er macht sich keine Illusionen über ihre Beschaffenheit, sondern versucht sie, so gut er eben kann, in Betracht zu ziehen. Doch so wie er sich keine Illusionen über illusionäre Beschaffenheiten der Dinge und der Menschen macht, ist er außerstande (ob willentlich oder nicht), sich Hintergedanken über diese Menschen und Dinge zu machen. Ein Wort ist für ihn ein Wort, eine Maschine eine Maschine, ein Recht ein Recht usw. Mit dieser Wirklichkeit lässt sich so lange gut leben, als die Dinge und Menschen so funktionieren, wie auf der Verkaufsanleitung angegeben. Er käme nicht auf die Idee, dass diese Verkaufsanleitung ein Trug ist oder eine Täuschung. Er beruft sich auf seine Sinne, ein reiner Empiriker. Man verkauft ihm ein neues Telefon. Er baut es zusammen mit der Verkaufsleitung. Es *läuft*. Was aber, wenn in diesem Telefon ein Abhörgerät eingebaut ist? Dann müsste man es auseinandernehmen, also genau das Gegenteil von dem tun, was in der Verkaufsanleitung angegeben ist. Auf die Gefahr hin, den Apparat zu zerstören. Auf dieses Wagnis lässt sich nur der ein, der schon einmal abgehört worden ist. Was aber, wenn dieses Telefon nicht einmal dazu umfunktioniert wurde, um Gespräche abzuhören, sondern den Menschen süchtig aufs Telefon zu machen (um ihn dann abzuhören, oder auch nicht)? Was lässt sich hier demontieren? Welcher Realitätssinn führt zur Demontage, sofern eine solche überhaupt noch möglich ist? Und – hat diese Sucht nicht eigentlich das Ziel, solchen Realitätssinn auszumerzen? Kein Kopf zerbricht an diesem Realitätssinn, und solange der Erfahrung vor den funktionierenden Sachen und Menschen Genüge geleistet ist, wertet unser Schweizer alles als Zeitverlust. Schauen wir uns genau an, was «kritische Schweizer», die etwas Übung in Ideologiekritik haben in diesem Falle gesagt hätten, Schriftsteller des Schlages von Dürrenmatt, Frisch oder Muschg: Sie hätten zur grossen Demontage aufgerufen. Eben das zeichnet diese «kritischen Schweizer» aus: Sie sind minutiös. Und glauben, dank dieser Minutiosität dem Teufel in der Maschine den Garaus zu machen. Akribisch demontieren sie, Uhrbauer der Mechanismen, alles, was unter ihre Feder kommt. Das ist verdienstvoll und rührig. Doch was, wenn dieser Teufel nicht dazu eingebaut wurde, um eine Geheimfunktion auszuüben, sondern um den Demontierer selbst süchtig zu machen? Auf diese Alternative ist der Empiriker nicht gefasst. Und der Ideologiekritiker der Frankfurter Schule genauso wenig.

Die Feststellung eines Hyperfetischismus meint, dass wir uns auf Marxsche Kritik nicht mehr einlassen können und auf ihre geistigen Ausgeburten noch weniger. Nicht dass ihre Analyse falsch gewesen wäre, nicht dass die von ihr kritisierte Wirklichkeit sich fundamental verändert hätte: Es ist das Verhältnis zwischen Wirklichkeit und Schein, das sich verändert hat. Früher war die Scheinwirklichkeit ein Fetisch, ein Schleier, den man durch kritische Arbeit lüften konnte; diese Arbeit ging von einer Verzerrung aus, gar einem Widerspruch, den man detektivisch nachverfolgen konnte.

Im Zeichen des Hyperfetischs gibt's nichts mehr zu fahnden. Es gehört nun mal zur Wirklichkeit, gebrochen und unbefriedigend zu sein. Diese Brechungen, ja diese Widersprüche sind nicht auf einen tieferen Grund zurückzuführen, sie werden als der Wirklichkeit immanent betrachtet. Sich mit den Zuständen abzufinden heisst sodann, die Brechungen als Teile der Wirklichkeit zu betrachten und tunlichst dafür zu sorgen, dass alle Haken und Kanten im freien Fliessen abrasiert werden.

Das Geld immunisiert, haben wir bereits gesagt. Es immunisiert, indem es andere Realitäten schafft: Es belässt die banale Realität in ihren Fakten und Funktionsweisen, und es schafft eine entfremdete und manipulierende Realität, die durch Demontage bzw. Ideologiekritik entschleiert werden kann. Was aber neu ist und was unsere Rede hier so schwer macht, ist die Möglichkeit, dass Geld die erste (banale) Realität schafft, *um* hinter diesem Panzer sein Wirken zu dissimulieren. Es gilt zu verstehen, dass diese unsere Wirklichkeit nicht, wie es ein Jean Baudrillard noch meinte, eine simulierte Zeichenrealität ist, sondern eine produzierte Wirklichkeit, die sich von der empirischen Erfahrung nicht unterscheidet – oder welche diese Erfahrung so weit verändert, als sie die erste Erfahrung bereits ersetzt hat. Die Zeichen sind deshalb real geworden, weil unsere Wahrnehmung semiotisch umfunktioniert worden ist – und der Agent dieser Transformation ist das Geld.

Das mag sich einigermaßen abstrakt anhören. Nehmen wir daher ein Beispiel. In Frankreich, von wo aus ich schreibe, wird bei jeder Frage, jeder Anfrage, ja, bei jeder Bestellung (im Wirtshaus z.B.) geantwortet: «Pas de soucis», *keine Sorge.* Ein Bier bitte, *keine Sorge.* Dürfte ich vorbeigehen (im Zug), *pas de soucis.* Geht's hier zum Bahnhof, *keine Sorge* usw., und jedes Mal fühle ich mich geneigt zu sagen, nein, ich mache mir keine Sorgen; ich habe zwar Sorgen, aber sie beträfen nicht das Bier, dessen Bestellung im Wirtshaus mir wirklich alles andere als ein sorgenschwerer Akt erscheint. Das sagt uns Doppeltes: Die Reizflächen der Normalität sind heute extrem empfindlich geworden. Jeder leisesten Trübung, jedem Rascheln in den Strömen, jedem nur mikroskopischen Stocken in den (Handlungs-, Bewegungs-)Abläufen wird mit einer empfindlichen Aversion begegnet. Das betrifft selbst Prozesse unter der Wahrnehmungsgrenze. Solche Reizungen werden sodann kaum mehr verkraftet. Man reagiert darauf in einem Zustand höchster Erregung oder Fassungslosigkeit, wie ein aggressionsbeladener Einbruch in eine schalllose Realität. Überreizheiten im Autoverkehr sprechen Bände, Nachbarschaftskriege entzünden sich an Lappalien, Amokläufe beginnen ohne sichtbaren Grund. Man hat sich längst mit der Schlechtigkeit der Welt abgefunden, man braucht dazu keine Thomas Bernhards mehr, denn diese Schlechtigkeit war ein letzter Rest von Transzendenz, den man ohne großes Risiko verteufeln konnte (das lässt Thomas Bernhards bierernstes Wettern gegen die Verhältnisse heute so abgeschmackt wirken). Je weniger jedoch diese Transzendenz abgerufen werden kann (das System, dem man alle Unbilden des Lebens zuschiebt), desto aversiver wird man gegen jede Trübung des reinen Abflusses. *Der Teufel steckt nicht mehr im Detail, er steckt dort, wo es klemmt.* Das unterstreicht die starke Panzerung unserer ersten Wirklichkeit (der gedankenlosen Wirklichkeit des Alltagslebens) gegen jede Form von Klemme, Panne, Stau und Störung. Und somit der Ruf an die Behörde, die für freie Zirkulation zu sorgen hat. Wir sind in einer *Verkehrsgesellschaft,* in der es keine Bindungen mehr gibt. Die Trauer der Bindungslosigkeit lässt sich nur ertragen, wenn das Leben nicht ins Stocken gerät. Sind wir im freien Fluss, so entsteht kein Einhalt – und die Situation ist fast erträglich.

Wir wissen alle, dass dieses freie, widerstandslose Fließen ihren Preis hat, aber wir akzeptieren Bindungslosigkeit als notwendigen Preis des Fließens. Diese Brechung ist aber nicht eine Dysfunktion der Wirklichkeit, sie ist ihre Zeugin. Und damit müssen wir fertig werden.

Man kann nun diese Geschichte ganz oberflächlich lesen. Geld immunisiere gegen die Zufälle des Lebens, indem es Alternativen bietet. Käufliche Alternativen, obzwar, aber immerhin. Ein Geldbesitzer kann sich in seiner Autarkie einpanzern, wie einst Howard Hughes, der am Ende seines Lebens ganz allein in seinem Turm lebte und nicht einmal mehr eine Visage, ein Menschenantlitz, dulden konnte. Man tat es aufs Konto seines Verfolgungswahnes. Doch stellt sich gleichwohl die Frage, ob nicht umgekehrt hier gerade einer der Geldcharaktere auf ihren Benützer übergegangen sei – der Vereinzelungscharakter, nämlich, der jedem sein Unikat zusichert, *indem* er ihm Vereinsamung auferlegt. Natürlich litt Howard Hughes auch an Verfolgungswahn, aber stellt sich nicht auch folgende Frage mit noch größerem Nachdruck: Wenn die vollständige Panzerung durch das Geld ihm die Möglichkeit gab, sich von der ganzen Welt abzusichern, war es nicht gerade diese Möglichkeit, die zur Ursache seiner Paranoia wurde?

Geld panzert auf verschiedensten Ebenen. Es immunisiert gegen die Gewalt der Anderen, die Unbilden der Existenz, ja selbst gegen die Zufälligkeiten der Geschichte. Versicherungen, Hautcreme, Überlebensbunker, Privatarmeen usf. sind Panzerungen des ersten Kreises. Über sie ist viel geschrieben worden. Sie interessieren hier wenig. Wenn es überhaupt Sinn machen kann, über Geld nachzudenken, dann sicherlich nicht (mehr) in diesem ersten Sinne – den auch Ökonomen im Sinn haben (mit den dürftigen Resultaten, die wir kennen). Uns interessiert ausschließlich der Zugang zur gepanzerten Unterfläche. Diese zweite Wirklichkeit, zu der wir keinen Zugang haben, wird, so unsere These, durch die Geldlogik bestimmt. Durch die besondere Semiose des Geldes – wie es, etwas gestelzt ausgedrückt, heißen müsste.

Also nochmals von vorne, denn die in diesem Kapitel zur Darstellung gebrachten Zusammenhänge sind so schwierig wie bestimmend für die folgenden Äußerungen. In der klassischen Theorie des Fetischs, die bei Descartes mit seinem «malin génie» beginnt – dem Teufelchen, das sich in unser Gehirn eingeschlichen hat, um uns falsche Vorstellungen vom Wirklichen zu geben –, dieses Teufelchen, das mit Descartes beginnt und bis in die gegenwärtige Frankfurter Schule reicht, gibt es zwei Wirklichkeiten. Eine harte Wirklichkeit, in der alle Widersprüche der «ganzfalschen» Gesellschaft, in der wir leben, zum Vorschein kommen – aber eben nur dann, wenn sie durch Ideologie- oder eine andere Form von Kritik zu Bewusstsein geraten; und eine durch sie verdeckte Wirklichkeit, die als einzig wahre betrachtet werden darf. Denn woran sich diese Kritik übt, ist eine Scheinwirklichkeit, in der der Naive lebt, der Schall und Rauch und *Divertissement* als reale Welten auffasst. Diese Scheinwirklichkeit ist eine ästhetische Panzerung – massiv produziert durch die Kulturindustrie –, damit die bittere Pille der harten Wirklichkeit nicht nur nicht wahrgenommen wird, sondern als nicht kritikanfällig erscheint. Diese Scheinwirklichkeit ist größtenteils ein *Diskurs,* ein mehr oder weniger stimmiges Gelaber, dem die Masse auf den Leim geht. Um eine Formel Marxens zu benützen, *All that is solid melts into air* – all diese Härte wird zu Luft, zu Schall und Rauch. Es genügt aber, diesen Schleier – durch den Gebrauch unseres Denkapparates – zu lüften, und schon sind wir im Realen. Wir sind nun an den historischen Moment angelangt, wo das Teufelchen nicht mehr entlarvt wird, sondern als Garant der uns fordernden Wirklichkeit erscheint.

Wollten wir hoch hinaus, so müssten wir folgende These aufstellen: *Das Geld ist das Transzendentalsubjekt, nach welchem die Philosophie seit Kant (meist erfolglos) Jagd gemacht hat.* Das möchte nun Folgendes heißen: Was wir für unsere (empirisch gehaltene) Erfahrung erleben, hat nichts mit der Verkaufsanleitungsmentalität unserer Vorväter zu tun. *Will* sie uns so erscheinen, und sie *will* es mit ganzer Kraft, dann ist ihr (der Semiose) ihr Meisterstück gelungen. Endlich haben sich Prometheus und Faust gepaart (wir werden auf diese perverse Heirat noch zurückkommen – auf das Paar und auf seine Perversionen), Prometheus entsetzlich glücklich darüber, sich endlich Zugang in die Zirkulationssphäre verschafft zu haben; Faust, rührungslos und fast betrübt, sich auf einen Kompromiss mit seinem naiven Bruder eingelassen zu haben. Wer hätte gedacht, dass für ihn Betrübtheit ein fast menschliches Gefühl darstellt? Wer hätte gedacht, dass er selbst nie darauf hoffen konnte, so viel Menschlichkeit zu erlangen? Nun ist's aber geschehen, und Faust hat nicht mehr zu erblinden.

Wie gelangt man nun an dieses künstliche Transzendentalsubjekt heran? Wie erfasst man es, wo doch die Vermutung besteht, dass sein Begriff der Begriff der Begriffe ist. Ist vielleicht die erste Wirklichkeit löchrig, hat sie Durchlassstellen, eigentliche Gucklöcher oder sind wir dazu verurteilt, listiger zu sein als das Geld? Mir scheint, dass all diese Möglichkeiten noch bestehen. Noch ist die Geldlogik nicht absolut, noch bricht sie an gewissen Stellen, noch schmiegt sich die erste Wirklichkeit nicht ganz an sie heran, noch schmiert Geld nicht genug, noch gleitet nicht alles bruchlos, noch gibt es Zwischenfälle, Ungereimtheiten, noch hockt ein *Daimon* auf unseren Schultern und flüstert uns seltsame Worte ins Ohr. Wir müssen nur genau hinsehen, uns nicht durch den Trivialisierungsdiskurs, der immer in Gelddingen gepflegt wurde, beeinflussen lassen (in diesen Dingen gibt's keine schlimmere Strategie als die Strategie des «kritischen Schweizers», à la Jean Ziegler). Der Panzer lässt sich durchdringen, da nämlich, wo die Haarrisse unserer Lebenswelt noch zu fein sind, als dass sie selbst durch die elektronischen Medien durchdrungen werden könnten.

Auf dem Rosenberg

Der Mensch muss tauschen. Es ist dies sein Vehikel, denn er kann weder alleine leben noch alleine überleben. Durch Tausch kommt er an Sachen heran, die er nicht selbst herstellen kann, und durch Tausch bindet er sich auch an andere Menschen, weil er nicht alleine leben kann. Unser heutiges Schicksal ist es, dass wir diese beiden Tauschformen, die der Mensch in allen Kulturen immer sorgfältig getrennt hatte, immer mehr durchmischen. Zwar kommen wir immer mehr an die Sachen heran, die unsere Bedürfnisse stillen, doch scheint es, dass wir dies damit bezahlen, dass die Mitmenschen sich von uns verabschieden. Selbst der große Schulmeister, der Nestor der deutschen Soziologen, der die Nazizeit unbedarft (und unbefleckt) überlebt hatte, Leopold von Wiese, hielt es noch für erstrebenswert, einen breiten Trennungsstrich zwischen den Mensch-Ding- und den Mensch-Menschbeziehungen zu zeichnen. Erste solle das Gebiet der Ökonomie, Letztere das Gebiet der Soziologie sein. Wenn ich mich also als Soziologe mit dem Geld beschäftige, dann hat dies, nach von Wieses Denkauffassung, rein *soziologische* Gründe. Es geht mir weder um die Analyse von Geldtheorien, Finanzanlagen, Wirtschaftsperspektiven oder Banksystemen, sondern einzig und allein um die Analyse der Modernen, unseres Zeitalters – eine Analyse *durch das Geld hindurch*. Und eine Analyse entlang der Bruchstellen (der Gucklöcher) der Modernen, als da sind, ihre definitiven und unwiderruflichen geschichtlichen Niederlagen: der Großen Vereinsamung und der Umweltzerstörung.

Wir haben hier zwei Bezüge, einen historischen und einen soziologischen, die eng ineinandergreifen. Sie gehen beide von der Vermutung aus, dass das Geldphänomen in seiner soziologischen Dimension immer noch nicht in befriedigender Weise begriffen worden ist. Zwar hat sich die Geldsoziologie in den letzten Jahren beträchtlich entwickelt, es aber immer noch nicht geschafft, auf einem Niveau der Analyse anzulangen, wo Aussagen über den aktuellen Zustand der Modernen gewonnen werden können.

Soziologen pflegen einen halb gesunden, halb ungesunden Menschenverstand dem Geld gegenüber. Gesund ist er, weil das Geld immer als etwas Bedrohliches dargestellt wird. Hütet den Anfängen, scheint der Soziologe sagen zu wollen. Es ist zwar ein wundersames Tauschmittel, doch droht immer auch die Gefahr, es *per se,* als alleinigen Zweck des Wirtschaftens anzusehen. Die Möglichkeit eines *chrematistischen* Gebrauchs des Geldes, wie Aristoteles es schon verkündete, ist im Geld selbst begriffen. Ungesund ist dieser Menschenverstand aber, weil er verwirft, ohne zu erklären, weil er gerade dort mit Denkverboten belegt, wo das Denken am meisten gefragt ist.

In Verruf gekommen gerade durch diesen Aktivismus, der zu denken verbot, hat diese Soziologie doch nur eines im Sinne: eine möglichst genaue Analyse unseres Zeitalters, der Modernen. Unsere Gründerväter, Georg Simmel, Emile Durkheim und Max Weber, treffen sich auf diesem Gebiet, trotz ihrer zahlreichen Meinungsverschiedenheiten. Und dieses Zeitalter ist aufs Engste mit dem Geld verbunden, so sehr, dass Georg Simmel diesem Phänomen ein gewaltiges Buch gewidmet hat, seine *Philosophie des Geldes*. Trotz des altertümelnden Titels ist dieses unglaublich belesene und komplexe Werk das einzige *in der ganzen Sozialwissenschaft* (also der

Wirtschaftswissenschaft mit inbegriffen), das versucht, historisch und systematisch diesen unheimlichen Gegenstand auf den Begriff zu bringen. Seine Grundthese verdient es, immer wieder neu bedacht zu werden: je mehr sich das Geld entstofflicht, desto mehr gewinnt es an Bedeutung, aber desto schwieriger auch wird seine Kontrolle und sein Verständnis.

HSG – Zu diesem Fazit kam ich auf dem Rosenberg. Dem Rosenberg in Sankt Gallen, wo die HSG thront. Als Assistent hatte ich unter anderem die Aufgabe, die Bibliothek für Soziologie zu verwalten. Damals war sie Teil der Bibliothek für Volkswirtschaftslehre und unter den Siglen A, B, C usw. aufgeteilt. (A) stand für die nationalökonomische Dogmengeschichte; (B) war Soziologie. Also nahm ich mir vor, alle Bücher dieser Reihe a) in die Hand zu nehmen, einmal anzuschauen und ggf. aufzuschneiden, b) alle für mich wichtigen Werke zu *lesen*. Also begann ich mit B1: Max Webers *Wirtschaft und Gesellschaft*. Eine erstes Mammutwerk, das ich glücklicherweise schon gelesen hatte. Nun kam aber B2, ein schwarz-verblichener Einband, verstaubt und mit unlesbarem Rücken: die erste Auflage von Georg Simmels *Philosophie des Geldes* (1900). Und so begann 1978 ein geistiges Abenteuer, das unter anderem zu diesem Büchlein führte. Man stelle sich vor: ein Thurgauer, der statt Geld zu verdienen, sich ein Leben lang damit (mit dem Geld, nicht dem Geldverdienen) den Kopf zerbricht, und erst noch dabei kein (oder kaum) Geld verdient.

Schon damals war die HSG ein Mythos und ist es heute noch. In Frankreich aufgewachsen, meine Adoleszenz eher mit Schriftstellern, Malern, Musikern und Filmern verbringend, war der erste Kontakt mit dem Betonbau auf dem Rosenberg unheimlich. Zwar fielen mir die vielen Skulpturen (Calder, Moore usw.), die dank Walther Adolf Jöhr dort droben thronen, positiv auf, doch musste ich feststellen, dass ich in diesen vielen Jahren an der HSG nie heimisch wurde. Ich weiss nicht, ob diese Unheimlichkeit mit dem Geld zusammenhing, um das es dort droben ganz massiv ging und heute immer noch geht – doch als ich mich allmählich mit ersten Geldstudien befasste, wurde wenigstens aus einer bangen Unheimlichkeit eine etwas klarere, mit der sich besser umgehen ließ als mit der bangen. Aufklärung ist immer auch ein Stück Selbstaufklärung, und deshalb wäre es falsch, diese persönlichen Erfahrungen unter den Tisch zu kehren.

Kurzer biographischer Exkurs – Meine erste Begegnung mit dem Geld bestand in der Plünderung des Familiengartens, damit ich durch den Verkauf von Gurken *(Guggumere)* Cowboy- und Indianerfiguren erwerben konnte. Thurgauer haben bekanntlich krumme Finger, das wissen wir bereits; man sagt, sie seien so geizig wie die Schotten und so versessen aufs Geld wie die Armenier. Das ist alles dummes Zeug, aber wenn man in der Schweiz über Geld spricht, dann hat man mit diesem Hinweis die Lacher immer auf seiner Seite.

Es war damals die Zeit des aufkommenden Kaugummis. Nebst den beliebten Sugus, Bonbons, die es heute noch gibt, kaute ich am liebsten Bazooka. Und für jeden Bazooka gab es damals eine Cowboy- oder Indianerfigur. Ein Bazooka kostete damals 20 Rappen, d.h. einen Batzen. Das war damals ein kleiner, aber durchaus ansehnlicher Betrag, kaufte man sich doch ein *Brötchen* mit 15 Rappen und das dazu passende *Schoggi-Stängeli* für 5 Rappen. Das war alles in der Konditorei Fritschi zu haben, die zugleich auch Gastwirtschaft «machte». Als Thurgauer Krummfinger hatte ich gelernt, alle möglichen Personen anzupumpen, Onkel, Tanten, Großeltern, Freunde und Verwandte, und wenn es nicht reichte, da und dort *Münz* aus gelegentlichen Portemonnaies zu fischen. Was mich aber süchtig machte, waren nicht die Bazooka (deren Aromawert wie eine Grenznutzenkurve stetig abnehmende Genusszufuhren aufwies), sondern die Figuren. Für einen echten Indianerkrieg brauchte es viele Figuren. Schlimmer noch: Es brauchte das *Fort Alamo*, das nur für sage und schreibe 10 Schweizerfranken zu haben war, also 50 Kaugummis. Das war für mich das mythische Fernziel – wie später den berühmten Titel des *lic.oec. HSG*. Ich konnte zwar Woche für Woche meine Armeen aufbessern, aber bis zum *Fort* reichten auch meine verzweifeltesten Sparaktionen nicht aus. Doch was sind Armeen, ja was sind *anwachsende* Armeen, ohne einen Zankapfel? Woche für Woche stieg also das Bedürfnis nach dieser Festung. Nach einem rührigen ersten Versuch, auf den ich noch zu sprechen kommen werde, kam ich auf den Gedanken mit den *Guggumere*. Sie waren gerade schön feist geworden, prallvoll in der Sonne glänzend, und ich sagte mir, dass wir unmöglich diese Dinger alle aufs Mal essen könnten (wenn's ums Geld geht, funktioniert die argumentative Kreativität blitzschnell). Ich sagte mir also, dass ich aus all den Gurken, die ja ohnehin verderben würden, etwas machen müsse. Schnell suchte ich mir die schönste Gurke und ging hausieren. Systematisch klopfte ich die Arbeitersiedlung ab, erntete zunächst wenig Beifall, bis ich dann an ältere Damen herankam, die sich vermutlich langweilten. Die erste Gurke gab's fast gratis, doch hatte ich mit dieser Versuchsgurke wenigstens eines geschafft: Es bestand eine Nachfrage. Ich lernte schnell den Wert meiner Gurken durch Marketingtricks aufzubessern. Meine Kundschaft waren immer diese älteren Damen, denen ich ein Liedchen vortrug, mit Vorliebe den Hit zu jener Zeit, eine Art Aelpler-Schlager: *Es isch doch nur e chliises Träumli gsii*. Schnell kletterten, unter Einsatz dieser Methoden und meines umwerfenden Charmes, die Preise in prohibitive Höhen, und sehr schnell tauschte ich das ergaunerte Geld gegen Cowboys und Indianer. Auch legte ich mir insgeheim einen Sparfonds an, damit ich am Grossen Tag, wenn meine Armeen bereit sein würden, mir das heiß ersehnte *Fort* kaufen konnte. Doch meine Gurkenkampagne endete vorschnell nach einer Woche, als die Töchter dieser Damen meiner Mutter die Gurken zurückbrachten und ihr Geld zurückwollten und meine Mutter feststellen musste, dass Cowboyfiguren zwar Geld kosteten, aber nicht gegen Geld zurückgetauscht werden konnten. Ich hatte es immerhin geschafft, Anno 1958 – ich war damals ganze vier Jahre alt – eine (zwar stattliche) Gurke für einen Fünflieber loszuwerden. Das hatte das Fass zum Bersten gebracht. Ich musste mein Sparkonto auflösen, es waren an die 8 Franken 30 Rappen, und ein für allemal auf meinen Traum verzichten.

Wenige Jahre später, als ich im Fach Rechnen unterwiesen wurde, fiel mir auf, dass ich all diese Zahlenaufgaben längst beherrschte. Ich hatte mit meinen Geschäften alle Grundrechenoperationen gelernt, und dazu noch die Proportionalität. Viel besser als der gestrenge Lehrer (ein Bodensee-Thurgauer, der uns regelmäßig verprügelte) hatten mir die Gurken die Grundlagen der Mathematik beigebracht. Englische Wirtschaftspsychologen belegten schließlich in den späten 80ern, dass es der Umgang mit dem Taschengeld (oder in meinem Falle, mit mehr oder weniger ergaunertem Geld) ist, der den Kindern die Arithmetik viel besser beibringt als der Schulunterricht.

Ein Batzen – Eine andere Methode, an Geld heranzukommen, war, vor der Gastwirtschaft Fritschi Radau zu machen. Wir schrieben gerade das Jahr 1959. Man hatte mir eine

Wunderwaffe namens «Holländer» gekauft. Das war ein dreirädriges Gefährt, das man durch Rudern in Fahrt brachte. Vor Fritschis «Blume» war ein Parkplatz, wo ich Runden drehte. Ich «gragölte» dabei neuere Schlager, so stark, dass Fräulein Wunderli aus Bischofszell (die ich noch 1984 an demselben Ort lauthals «Santgallern» hörte) mir nach zirka einer Viertelstunde einen Batzen brachte, mit der Bitte, ich solle doch etwas stiller werden. Mit demselben Batzen ging ich dann in den Laden (Fritschis betrieben eine Gastwirtschaft samt Bäckerei) und kaufte mir ein Bürli und ein Stängeli: 15 Rappen + 5 Rappen. – Hier haben wir eine schöne werttheoretisches Problemstellung. Man bezahlte mich, damit Ruhe einkehrte, bezahlte also etwas wie eine Ruhegeld. Für dieses Ruhegeld ergatterte ich zwei Waren. Damit hatten die Fritschis ihren Batzen wieder zurück, aber ein Bürli und ein Stängeli (wohlgemerkt: ein *Minor*) weniger. Es ist zu vermuten, dass für sie das der Wert war, dass ich durch meine Schlager die Kunden nicht verscheuchte. Doch die Sache hat einen Haken: Damals meinte ich, Frau Wunderli habe mir den Batzen gegeben, weil ich so gut sang. Die Bitte, etwas weniger laut zu sein, interpretierte ich als Zeichen dafür, dass mein Konzert zu Ende sei, und man nicht sonderlich darauf erpicht war, ein zwölftes Mal die erste Strophe von *«Es isch doch nur e chliises Träumli gsii»* zu hören. Erst später, als ich die Szene von Marxens Begriff der «gesellschaftlich nützlichen Arbeit» wiedererwägte, kamen Zweifel auf. Aber damals betrachtete ich das Brötchen und das Stängeli als echten Lohn, als Künstlerlohn, das heißt als gesellschaftlich nützliche Arbeit. Subjektiv erbrachte ich also einen Wert, ich war stolz auf das «verdiente» Pürli und Schoggistängeli. Aber subjektiv kann sich so manches ändern ... Stolz wird zu Ernüchterung und schließlich zu Scham. Objektiv gesehen ist die Sache aber noch schwieriger: Wer weiß, vielleicht kamen Kunden extra, um meine Balladen zu hören, vielleicht ersparte ihnen ihr Nichtkommen ein Magengrimmen, vielleicht gefiel Fräulein Wunderli mein Gesang und sie brachte mir den Batzen, weil sie vermeiden wollte, dass der Wirt mich verjagt. Die Sache lässt sich weder subjektiv noch objektiv beilegen. Klar ist nur, dass hier zwei Wertreihen vorliegen, die schwer miteinander in Einklang gebracht werden können.

Meine zweite (existentielle) Begegnung fand an der HSG statt. An der HSG wurden damals öffentliche Vorträge abgehalten, die sowohl für fortgeschrittene Studierende wie für fremde Zuhörer (Auditoren) zugänglich waren. Eine dieser Veranstaltungen war *Internationale Außenhandelspolitik* von Hans Mayrzedt, dem damaligen Chefredaktor der Zeitschrift *Außenhandelspolitik*. Als junger HSGler war ich ein begeisterter Zuhörer all dieser Veranstaltungen. Mayrzedts erste Vorlesung war an einem Montagabend auf 18 Uhr 15 anberaumt. Wir waren vielleicht 40 Zuhörer, die warteten. Die Klingel scholl, aber Mayrzedt erschien nicht. Also warteten wir geduldig (damals warteten Studenten noch geduldig). Um 18 Uhr 35 erschien ein völlig entgeisterter Mayrzedt, der, sich kurz entschuldigend, sich mit folgenden Worten an uns wandte: «Meine Herren (damals gab es noch kaum Damen an der HSG), das Bretton-Woods-Abkommen ist heute definitiv begraben worden. Ab jetzt kann niemand mehr wissen, was mit unseren Währungen geschieht. Es ist eine Katastrophe.» Der Mann stand da, im wahrsten Sinne des Wortes, entgeistert. Er war außer sich, wie ich selten einen Dozenten habe außer sich sehen können. Nachdem er uns dargestellt hatte, wie der Dollar nach schwerem Ringen (gegen die viel vernünftigere Forderung John M. Keynes', eine Weltwährung einzuführen) zur westlichen Leitwährung gemacht wurde, wie dieses Bretton-Woods-System zum geldpolitischen Fundament der Nachkriegsjahre wurde, skizzierte er haargenau, welchen Wirren wir von nun an ausgesetzt sein würden.

Die Aufgabe der Konvertibilität in den Dollar hatte zwei Konsequenzen: eine sozialpsychologische und eine makroökonomische. Durch das Fallenlassen des Dollars als Leitwährung brach das letzte verbindliche transnationale Referenzsystem zusammen; das anschließende *floating* wurde zwar durch eine Währungsschlange, als Vorgängerin des Euro, ersetzt, doch die gesamte monetäre Architektur der westlichen Hemisphäre wurde damit dramatisch beeinträchtigt. Obwohl hier ökonomisch rasch Abhilfe geschah, blieb aber das Trauma der Referenzlosigkeit, und es hinterliess tiefe sozialpsychologische Wunden. Mit dem Tod des Übervaters Dollar und der vollständigen Absage an die Gold-Silber-Parität schwand eine ontologische Sicherheit, deren Bedeutung nicht hoch genug eingeschätzt werden kann. Es ist, als ob das *Floaten* der Devisen das Zeitalter einer normativen Unverbindlichkeit eingeleitet hätte. Es ist vielleicht übertrieben, zwischen diesem Verfall und dem Tod Gottes Parallelen zu ziehen, doch ist ohne Weiteres einsichtig, dass die eine große Sinnkontingenz durch die Aufkündigung der Bretton-Woods-Abkommen noch verschärft wurde. Wir werden noch einige Male auf diese «Schwellenzeit» in den 1970er-Jahren zu sprechen kommen; eine Schwellenzeit, die auch zu einer Geldmengenexpansion führte, wie sie die Welt – mit Ausnahme krisenbedingter Hyperinflationen – noch nie erlebt hatte. Bedingt durch diese Aufkündigung, aber auch durch die Entstehung von Petrodollars und durch eine weltweite Liberalisierung der privaten Geldschöpfung durch Finanzinstitute, dies die zweite, makroökonomische Konsequenz, autonomisierte sich die Geldmenge weltweit von der «realen» Sphäre, so dass ein bislang noch nie existierendes Auseinanderdriften beider Sphären stattfand. Wir haben also zwei hauptsächliche makroökonomische Effekte: einmal das exponentielle Wachstum der Weltgeldmenge; sodann die Autonomisierung dieser Geldmenge, oder vielmehr: zunehmende Bestimmung der Real- durch die Geldsphäre. Mit anderen Worten: Die Aufkündigung der Bretton-Woods-Abkommen leitete einerseits ein in das, was man wenige Jahre nachher die *Postmoderne* nannte, andererseits in den Finanzkapitalismus.

Ich sollte diese Katastrophe am eigenen Leib erfahren. Denn als junger Student hatte mir mein Vater ein monatliches Einkommen von 1000 französischen Francs zugesichert, was im Herbst 1973 ein stolzes Einkommen von ca. 660.– CHF garantierte. Das war *vor* dem *floating*. Im Februar 1974, war dieses Einkommen auf schlichte 280.– CHF geschmolzen: Und damit hätte ich meine sämtlichen Studienkosten bezahlen müssen. Schon damals eine schlichte Unmöglichkeit. Glücklicherweise verschuf mir die *Migros Clubschule* eine Verdienstmöglichkeit, die mir gestattete, die Indifferenzkurve meiner alltäglichen Optimierung «essen oder Bücher kaufen?» etwas nach außen zu verlagern. Kurzum, innert vier Monaten war ich durch die Währungswirren vom Herrensohn zum Werk-, ja fast zum Bettelstudenten degradiert worden. Wenn das nicht eine «Schwellenzeit» gewesen ist, was denn sonst?

Geldbefreiung III (moralisch)

Einer der Gründe der heutigen Globalkrise ist nicht nur dieses exponentielle Anwachsen der Weltgeldmenge ab 1973, es ist sicherlich auch die moralische Neutralisierung des Geldes. Bei all diesen Machenschaften, die zur heutigen Finanzkrise führten, waren ja nicht Kriminelle am Werk, sondern Gierige, Halbbetuchte, Skrupellose, Scheinbuchhalter – alles mindere Gestalten der Gier, aber keine Kriminellen. Selbst die Systeme, denen sie dienten, waren keine Gangstervereinigungen, sondern Dienstleistungsbetriebe mit harten Geschäftsordnungen. Aber das alles macht die Sache noch schlimmer. Wären es zweiarmige Banditen gewesen, so wäre das Weltbild, welches zwischen gut und böse unterscheidet, noch heil. Aber hier haben wir es mit Grautönen zu tun, mit Schattierungen, von denen man nicht weiss, wo das Böse beginnt und das Gute aufhört und ob, wie wir gerade gesehen haben, beide Prinzipien einem gleichen Denken entstammen.

Kavaliersdelikt oder Kavalleriedelikt? – Um denselben Gegenstand anders zu formulieren: Wie kam ein Bernie Madoff dazu, so etwas Wahnwitzig-Fatales und dennoch so etwas Unsinnig-Dummes wie ein «Ponzi-System» aufzubauen, ein System also, in welchem die Kapitalzinsen nicht durch Investitionen erwirtschaftet wurden, sondern durch frische Kapitalzuströme? Die Antwort ist bestürzend einfach: Er schlitterte da hinein. Zunächst der Hochmut, einen der bestindizierten Fonds zu führen, in Wahrheit aber die ihm anvertrauten Kapitalien amateurhaft zu platzieren, dann die Notwendigkeit, seinen Namen zu verteidigen, damit seine Netzwerke, mittels derer er seine Kunden anheuerte, intakt blieben, und irgendwann kam dann der Moment, wo sich der Hochstapler entscheiden musste: den ganzen Spuk auffliegen lassen oder Zug um Zug eine Kavallerie aufzubauen, in der Hoffnung, sie durch eine wundersame Anlage wieder abfedern zu können. Aber auch hier, nicht nur bei Fremdkapital-Finanzierungen, spielt der *leverage*-Effekt. Je mehr man auf Kavallerie setzte, desto überdurchschnittlicher die Rendite, die man erhalten musste, um den Schlamassel zu *clearen*. Hier setzt dann Entwirklichung an. Man fragt sich nicht mehr, welches die Konsequenzen solchen Handelns sein mögen, nein, man verbietet sich selbst jede Planung und handelt nur noch *Zug um Zug*, situativ.

Nein, Geld stinkt seit Langem nicht mehr. Und das ist ja gerade das gefährliche daran. Solange es stank, war es Gegenstand gesellschaftlich-moralischer Missbilligung und konnte als Mammon entlarvt und verdammt werden. Nun ist aber das Geld klinisch sauber, es wechselt nicht mehr die Hand, es wird transferiert. Dabei war der Spuk leicht zu durchblicken. Denn Madoffs Fonds erlag nicht nur der abflachenden Preiserhöhung auf dem US-Immobilienmarkt, sondern war schlicht und einfach zu groß geworden. Geldreihen haben einen verflixten Verlauf, den man durch folgenden bekannten Witz ausführen kann: Hat einer 50 000.– CHF Schulden bei seiner Bank, so hat er ein Problem, hat er 500 000.– CHF Schulden, dann hat er ein großes Problem, hat er 5 Mio. CHF, so hat er ein sehr großes Problem, mit 50 Mio. CHF hat er ein enormes Problem, aber mit 500 Mio. CHF dagegen hat nicht er, sondern die Bank ein Problem. Dasselbe gilt bei Anlagen: Bringt man 5 Mio. CHF auf die Bank, so erfreut sich der

Bankier, bei 50 Mio. CHF wird der Braten schmackhaft, bei 500 Mio. CHF denkt man schon an große Feldzüge, mit 5 Mrd. CHF aber, wird die Sache doch etwas knifflig, bei 50 Mrd. CHF spricht der Bankier von Unmöglichkeit. Solche Volumen kann kein Markt mehr absorbieren. Hier stellt sich nicht einmal mehr die Frage nach der Rendite, sondern wohin denn mit all diesem Geld. Hätte man Zeit und könnte man gigantische, mit Sonnenenergiezellen betriebene, Entsalzungsanlagen am Roten Meer einrichten, mit dem daraus gewonnenen Wasser ganze Wüsten begrünen und schließlich ganz Saudi-Arabien in ein Frucht- und Gemüseland verwandeln, hätte man diese Zeit, dann wäre es vielleicht möglich, eine solch gigantische Summe anzulegen. Wohlgemerkt: nicht sehr rentabel, aber dafür langfristig sicher. Und das war natürlich nicht der Sinn von Madoffs Versprechungen. Er musste seinen Ruf als Börsen-Tycoon wahren (die Finanzwelt funktioniert ganz ausgesprochen nach den Prinzipien der Aufmerksamkeitsökonomie) und die versprochenen Renditen unbedingt einhalten. Dabei hätte jeder minimal skeptische Bankier bei solchen Volumen die Alarmglocke ziehen können.

Befreiung von der Buchhaltung – Selbst die großen Ganoven führen Buch. Vergessen wir nicht, dass der letzte Garant ökonomischer Regulierung die Buchführungsprinzipien sind. Selbst der rohste Kapitalist und selbst der Mafia-Boss führten noch Buch. Was wäre ein Al Capone ohne seinen treuen Begleiter, Meyer Slansky, gewesen? Ein Ganove ohne Buchhalter. Erst durch Slansky wurde er zum Boss, fing er an zu planen und sein Geschäft zu führen wie ein «dynamischer Unternehmer». Ihnen, Capone wie Slansky, war aber bewusst, dass es zwischen Soll und Haben nichts auszubeuten bzw. nichts zu ergaunern gab, Madoff war es auch bewusst, nur hat er es gehalten wie bei den *revolving*-Krediten und gewissen Geisteskrankheiten: Er hat verschoben, er hat verdrängt.

Nun war die Krise von 1929 eine Kreditkrise. Es wurde mit der Zeit gespielt, mit der Hoffnung, dass zunehmendes Wachstum in Zukunft die geäufneten Schulden der Gegenwart kompensieren würde. Diese Wette wurde auch bei den «subprimes» eingegangen. Der Unterschied zu 1929 – und das machte das neue Ausmaß dieser Krise aus – war, dass nicht nur mit der Zeit, sondern auch mit den Buchführungsprinzipien gespielt wurde. Der Enron-Skandal, der die wohl prestigeträchtigste Beratungsfirma Arthur Andersen in die Knie brachte, war nur ein Vorläufer dieser ab 2000 systematisch betriebenen Finanz- und Buchführungsreiterei.

Wie einst Werner Sombart mutmaßte, waren diese Prinzipien die formell notwendige Seite des kapitalistischen Wirtschaftsprozesses. Um zu wissen, wie viel er reinvestieren kann, braucht der Kapitalist verlässliche Zahlen, die er *budgetieren* kann. Der Kapitalismus beruht ganz wesentlich auf einer Wette: Altes wird zerstört, damit auf Neues gewettet werden kann. Der Wettteufel geht gar so weit, dass der Kapitalist für dieses Neue Kopf und Kragen riskiert, d. h. auch dann Altes zu zerstören, wenn es nicht nötig ist und es selbst dann zu tun, wenn er die Mittel dazu nicht hat. Die kapitalistische Dynamik beruht somit auf Mehrwert, der noch nicht produziert wurde, der aber abgesehen werden kann und somit als relativ sichere Größe ins betriebliche Kalkül integriert wird. Daher ist Buchführung absolut unverzichtbar.

Geld stinkt nicht mehr, man möchte fast sagen – leider. Geld ist porentief rein geworden, so rein, dass es beinahe unsichtbar geworden wäre. Für viele ist es sogar unsichtbar; im täglichen Verkehr wird nicht mehr nach Debit und Kredit abgerechnet, es reicht, wenn die Geldflüsse ungefähr deckungsgleich sind. Elektronen ersetzen die spröde Materie; aber auch Tauschzirkel usw. Wir sind in einem Zeitalter der Demonetisierung und müssen, ob wir es wollen oder nicht, die Konsequenzen dieser Demonetisierung zu tragen lernen. Dazu gehört auch die progressive Auflösung der Buchführungsprinzipien.

Kennedyzeit – Meine Jugend verbrachte ich in der Kennedy-Zeit, einer Zeit, die man gemeinhin als «die Moderne» – oder genauer: die «Spätmoderne» – bezeichnete. Menschen, die nach diesen 60ern geboren wurden, fällt es schwer, den Reiz dieses Wortes «modern» nachzuvollziehen. Damals glaubte man, dass all diese Erwartungen und Verheissungen auf gemeinsam geteilte Werte zurückzuführen seien: Man glaubte an den Fortschritt, an eine gewisse Gerechtigkeit, an Anstandsnormen, an den Wert von Leistung, aber auch an Kriterien des Schönen, Guten, Ehrenwerten usf. Ich nenne diese Zeit bewusst die «Kennedy-Zeit», denn das, was – nicht nur für mich, sondern für eine ganze Generation der Menschen der Nachkriegszeit – im November 1963 in Dallas geschah, war nicht bloß ein Attentat auf einen US-Präsidenten, sondern ein Attentat auf *das* Symbol dieser Zeit. J.F. Kennedy verkörperte die Werte einer hoffnungsfrohen Modernen, der gegenüber die hinter dem Eisernen Vorhang eingebunkerten Gesellschaften uns wie ein frostiges Gefangenenlager vorkamen. Ich erinnere mich noch, wie meine Eltern an diesem Novembertag vor dem Bildschirm weinten, als sei es ein Familienmitglied, das da auf offener Straße ermordet wurde. Mit diesem Attentat zerbröckelten diese Hoffnungen – wonach sämtliche Probleme der Menschheit durch technischen Fortschritt und wirtschaftliches Wachstum lösbar seien, wonach Leistung gerecht honoriert würde, wonach soziale Mobilität eine Frage des Einsatzes und Risikos sein müsse, etc. Es brach eine Zeit an, in welcher unser Referenzsystem allmählich obsolet wurde, d. h. eine Zeit, wo die Kriterien der sozialen Kohäsion allmählich an Geltung verloren.

Meine Intuition war, dass diese Jahre 1971/73 eine *Schwellenzeit* darstellen, d. h. einen Epochenbruch, der von der Modernen zu einer anderen, uns noch weitgehend unbekannten Epoche führt; und dass das Geld darin eine ganz zentrale Rolle spielt. Vor Umwälzungen dieser Art neigt menschliche Vorstellungskraft meistens dazu, den Wandel entweder zu minimieren oder ihn mit negativen Vorzeichen zu besetzen. Man spricht lieber vom «Schock der Zivilisationen», statt zu verstehen, dass wir uns selbst in einem Bruch der Zivilisationen befinden (vor dem natürlich vormoderne Zivilisationen wie Teile der islamischen mit Panik reagieren), der nur vergleichbar ist mit den großen zivilisatorischen Brüchen der Menschheit – wie der neolithischen Revolution oder der kopernikanischen «Wende». Meine Hypothese geht dahin zu behaupten, dass das Geld nicht nur ein Indikator für solche Brüche darstellt, sondern eine *Vorreiterfunktion* spielt.

In meinem Verständnis war die Aufkündigung der Bretton-Woods-Abkommen im Jahre 1972 nicht bloß ein handelspolitischer Streich Nixons zugunsten der US-Exportindustrie und angesichts eines seit dem Korea-Krieg stetig zunehmenden Leistungsbilanzdefizits, sondern das symbolische Ende des modernen Referenzsystems. Mit Kennedy starb auch ein charismatischer Politiker – und das steht für eine ganze Generation, man denke an de Gaulle, Adenauer oder Golda Meir – und wurde durch einen «Politisierer» ersetzt. Doch das nur nebenbei. Denn Währungen sind nicht nur nationale Rechnungseinheiten, sondern Wertmaßstäbe, die von weit größerer Bedeutung sind als die Gewichts-, Längen-

oder Temperaturmasse. Hätte man sich nach 1972 auf ein neues Längenmaß geeinigt, so wäre dies, nach einer kurzen Zeit der Anpassung, ohne größere Probleme in die Lebensgewohnheiten der Menschen übergegangen. *Was mit dieser Aufkündigung in die Brüche ging, war die Einigung selbst:* es begannen somit nationale Wertmaßstäbe in Konkurrenz miteinander zu treten. Man möchte nun glauben, dass es sich beim Geld wie bei anderen wirtschaftlichen Gütern verhält und dass diese Konkurrenz der Währungen einer effizienteren Faktorallokation Vorschub leisten würde. Dem ist vielleicht so im Falle von Konkurrenzvorteilen, die durch Monopolwährungen – angenommen, der Dollar wäre in den 60er-Jahren nur 4.– statt 5.– Franken wert gewesen ... –, ermöglicht werden; die Tatsache aber, dass Währungen (als Wertmesseinheiten) einem Konkurrenzprinzip unterliegen, wäre mit der Situation zu vergleichen, in der bei einem internationalen 100 Meter Leichtahtletik-Wettbewerb die Athleten nach ihrem jeweiligen nationalen Metermaß bewertet würden, und dass der Zypriot, für den vielleicht 1 Meter auf ein Zehntel des deutschen Meters geschrumpft ist, den Wettbewerb gewonnen hätte, obwohl Armin Hary (der damalige deutsche 100-Meter-Champion) die Ziellinie mit 80 Meter Vorsprung passiert hätte. Das nach dieser Aufkündigung einsetzende *floating* der Währungen hat vielleicht gewisse Konkurrenzdisparitäten kurzfristig korrigiert, was es aber außer Rand und Band gebracht hat, war das gesamte Wertesysteme der westlichen Hemisphäre – und zwar nicht nur das wirtschaftliche, sondern das soziale und das kulturelle Wertesystem.

Nun sind diese Jahre nicht nur die Jahre des Endes des Bretton-Woods-Abkommens, des Erdölschocks, der Petro-Dollars, des expandierenden Kleinkredits (d. h. einer rasanten privaten Geldschöpfung), der beginnenden monetären Seifenblase, sondern auch der Beginn eines zunächst unscheinbaren Prozesses, der später Jahr für Jahr, so unscheinbar er daherkam, so unscheinbar sich weiterentwickelte: *Ich spreche vom Prozess der zunehmenden Dematerialisierung des Geldes.*

Um nur die Liste der in diesen Jahren stattfindenden Umbrüche zu vervollständigen, sei noch angeführt: 1. die Apollo-Mission, die uns zum ersten Mal die Möglichkeit gab, die Welt *von außen* zu betrachten – mit der Konsequenz, dass wir diese Welt als ein *«spaceship earth»* erfassten, als eine isolierte Raumkapsel, dessen Proviant zur Neige geht; 2. die starken Umwälzungen im Rahmen der Familie (rasantes Ansteigen der Scheidungsrate, Anti-Baby-Pille, Konkubinate, Pluriparentalität usw.), dessen demographische, psychische und kulturelle Auswirkungen sogar heute noch kaum in ihrem vollen Ausmaße wahrgenommen wurden; 3. die Ökologie-Bewegung im Zuge der ersten Club of Rome-Berichte; 4. das definitive Ende der Marx'schen Theorie mit einer rasanten Abnahme der Vergewerkschaftung im gesamten europäischen Raum; 5. die Drogen-Invasion in Europa; 6. das Ende eines aufschwingenden Kondratieff-Zyklus' (1948–1973), 7. das Ende eines aufschwingenden «säkularen Trends» (1720–1970), 8. die in Industrie- und Dienstleistungssektor einsetzende Informatisierung usw. usf. Die Liste ließe sich ohne Weiteres fortsetzen. Meine ganze Arbeit bestand (und besteht immer noch) darin, diesen Schwellenbruch zu analysieren, d. h. nach einem roten Faden zu suchen, wie diese massiven Phänomene miteinander verbunden sein könnten.

Ich hatte das Glück, all diese Entwicklung zu Beginn meiner Studienzeit mit verfolgen zu können (ich erinnere an die Episode Mayrzedt und an Professor Binswanger, auf den ich noch zu sprechen kommen werde); also ist meine «Intuition» nicht bloß eine intellektuelle Spielerei, sondern konzentriert sich auf die Frage und erhält dabei ihren Sinn: Was ist all diesen Umbruchs-Phänomenen gemeinsam, gibt es eine dahinterliegende Logik? Ich bin der Überzeugung, dass hier ein Epochenwandel stattgefunden hat, dessen Ausmaße unsere Wahrnehmung und Denkkraft noch weitgehend überfordert. Wenn ich mich nun auf das Geld konzentriert habe, dann nicht nur, weil ich mich notwendigerweise auf eines dieser Elemente reduzieren musste, sondern weil mir – wie die Mayrzedt'sche Szene versinnbildlichte – das Geld sehr früh als dieser «rote Faden» erschien, entlang dessen ich versuchen konnte, alle meine Erfahrungen und Beobachtungen mit dieser postklassischen Moderne ein Stück weiter zu verfolgen. Dies erklärt letztlich auch den etwas sonderbaren und beschwerlichen Weg des traditionellen HSG-Ökonomen zum Geldsoziologen.

Das moderne Geld, eine *creation ex nihilo*

Das moderne Geld ist eine Schaffung aus dem Nichts, eine *creatio ex nihilo*. Ich betone: das *moderne* Geld. Alle anderen Geldformen unterscheiden sich von der modernen dadurch, dass sie einen substanziellen Wert haben. Doch selbst ein Geld, dessen Wert noch nahezu so groß ist wie das in es eingebrachte Edelmetall, beruht noch auf einer Konvention; der Konvention, welche diesem Edelmetall einen Wert zumisst. Diese Wertfrage gehört zu den verflixten Fragen der Nationalökonomie, zu den «metaphysischen Mucken», wie Karl Marx einst sagte. Man hat sich nie darüber einigen können, ob nun der Wert eine subjektive Zumessung darstellt oder ob es ein objektives Wertmaß gibt, wie Arbeit, Nützlichkeit oder Seltenheit. Sicher ist hingegen, dass zur Bestimmung des Werts immer ein Abkommen notwendig ist und dass daher die einzig interessante Frage über den Geldwert darin besteht, *wie* ein solches Abkommen zustande kommt. Es gibt also über diese Thematik falsche Fragestellungen zuhauf, die uns den Weg zu einer genaueren Analyse des Geldphänomens versperren.

Man könnte gar sagen, dass der Substanzwert des Geldes umso wichtiger ist, als es unwahrscheinlich ist, die Konventionen, die notwendig sind, um seinen Wert zu fixieren, für alle verlässlich festzulegen. Der Substanzwert hat somit einen dispositiven Charakter. Er verhilft der Konvention zum Durchbruch, darf aber als solcher nicht erscheinen – da eine Konvention im Wesentlichen ein gegenseitiges Vertrauensphänomen ist. Der konventionale Charakter des Geldes widerspiegelt alle Schwierigkeiten, welche dieses immer riskante und schwierige Abkommen in sich trägt.

Doch nur das moderne Geld ist per Konvention substanzlos. Es ist also nicht nur Geld per Konvention, sondern per Konvention ist es substanzlos.

Wir haben also hier einen Un-Gegenstand, nicht nur einen Nicht-Gegenstand, der sich immer noch auf die Gegenständlichkeit beziehen würde, sondern ein völlig künstliches, aus diesem Rahmen fallendes Ding; denn Tatsache ist, dass das heutige Geld nicht mehr durch Ausschließung eines Gegenstandes entsteht, sondern durch Schaffung eines künstlichen, nur Geldfunktion versehenden Gegenstandes. Das macht für seinen konventionalen Charakter keinen Unterschied; es unterstreicht nur die Kraft der Konventionalität. Was hingegen völlig neu ist – und erst mit der Schaffung elektronischer Geldsurrogate an den Tag tritt, obwohl der Prozess dieser Geldbefreiung schon einige Jahrhunderte alt ist –, ist seine abnorme Stellung im Universum der Dinge.

Denn was sich seit Kopernikus fundamental geändert hat, ist nicht nur die Struktur des Weltalls, des Makrokosmos (wie es fälschlicherweise immer noch heißt), sondern Natur und Struktur der Seinsordnung. Wir sind eingetreten in ein Universum illimitierten Seins. Nicht nur hat das Weltall keine äußere Grenze (mehr), es kennt auch in seinem Inneren nur noch die Grenzenlosigkeit, die *Hybris*. Quantitativ durch den Irrsinn der Illusion illimitierter Ressourcen, qualitativ durch das Werk der Zauberlehrlinge, modal durch die Potenzierung des menschlichen Willens. Dieses Universum hat nur noch eine Ordnung, weil Geld in ihm das Reagenzmittel darstellt, das den Dingen (seien es nun Menschen, Gegenstände, Ressourcen aller Art oder «Kräfte») einen Preis zuschreibt. Es ist diese Wissensökonomie, diese Reduktion jeden Seins auf eine Zahl, die letztlich dieses aus allen Nähten platzende Universum in ein regelhaftes Ganzes verwandelt.

Dies ist der grundsätzliche Befreiungsprozess des Geldes. Nicht nur hat es sich aus dem Fluch und Bann «oikonomischer» Verhältnisse emanzipiert, es ist zum wahren Agens einer fundamentalen Neuordnung der Welt geworden. Diese Funktion kann nicht hoch genug veranschlagt werden; sie zu begreifen, ihre Effekte und Konsequenzen auszumessen ist die Chiffre, die zum Verständnis der Modernen hinführt.

Die Frage war vorher: Was hält eine Gesellschaft zusammen? Was macht, dass jeder nicht seine eigenen Wege geht, dass er gemeinsame Normen nicht missachtet, dass er für eine gemeinsame Sache immer noch Verständnis hat? Die Frage nach der sozialen Kohäsion ist eine nominalistische Frage; sie klingt gut; sie verspricht Querverweise auf anschauliche Beispiele (was hält ein Haus zusammen, eine Herde oder eine Organisation), doch sie spiegelt vor, was eigentlich zu beweisen wäre. In traditionellen Gesellschaften gab es eine transzendente Dimension, ein außerweltliches Reich, welches diese Kohäsion auf doppelte Weise realisierte. Einmal, indem sie die Herrschaft des Despoten rechtfertigte; ein andermal, indem sie den Fokus aller menschlichen Handlungen darstellte. Soziologisch gesehen ist das die Funktion von Religionen. Sie beruhigen die Gemüter und fokussieren die Intentionen; beides greift Hand in Hand: Die Gemüter werden beruhigt, indem man weiß, wo Gott hockt; und sein Thron bleibt ungefährdet, solange für Ruhe gesorgt wird. Mit der Kopernikanischen Wende kamen jedoch Zweifel auf. Nicht nur hatte niemand je diese Transzendenz mit eigenen Augen gesehen (mit Francis Bacon begann das Zeitalter des ungläubigen Thomas), auch diese Rechtfertigung von Machtansprüchen stieß an Grenzen, die niemand mehr ignorieren wollte. Ignorieren konnte. Die Grenzen der traditionellen Machtanmassung waren immer auch Grenzen der Wissensanmaßung. Und der Prozess der «theoretischen Neugierde», sobald das leiseste Denkverbot aufgehoben worden ist, beginnt wieder ruhelos zu pulsieren.

Nur so schnell lässt sich Transzendenz nicht abtun. Natürlich blendete sich die Moderne im Taumel rasanter Fortschritte und sprach von Verweltlichung, ohne je die Welt, ihre Welt, vermessen zu haben. Natürlich verwarf sie die dunkle Vorzeit umso vehementer, je größer ihr wissenschaftsfeindlicher Terror war und je mehr sie sich davon unterscheiden wollte. Wir dürfen aber auch hier nicht einem doppelten Trug erliegen: Der Verlust von Transzendenz ging nicht rasant, sondern nur sehr zögernd vonstatten; und andererseits darf man nicht unterschätzen, wie gewaltig, gar geistig unfassbar dieser Koordinatenwechsel war. Was es somit zu verstehen gilt, ist eine langsamer, gewaltiger Wertewandel also, der auch heute nicht abgeschlossen ist. Sein schwierigstes Kapitel ist das soziale: die Frage nämlich, wodurch dieses wohlfeile Koordinatensystem der Transzendenz ersetzt werden könnte. Die Lösung lautet auch nominalistisch, ist auch ein Worteartefakt, sie lautet: Immanenz. Gibt es keine außerweltliche Instanz mehr, auf die man sich ausrichten kann und die einem die notwendige Legitimität stiftet, dann gibt es nur noch zwei Möglichkeiten. Regression oder Entwurf. Regression auf einfache Sozialverbände («wilde» Gesellschaften, dezentrale Gemeinschaften u.dgl.), deren Übersichtlichkeit keiner komplexen Vermittlungen bedarf, oder aber das Experimentieren mit neuen Organisationsformen. Das Interessante an der abendländischen Geschichte ist, dass praktisch all diese Varianten ausprobiert worden sind: Rückzug auf die einfache Gemeinschaft, wie bei vielen Sekten, Milderung der Gewalt des Souveräns, wie in aufgeklärten Despotien, Erfindung neuer politischer Institutionen.

Die *moderne* Organisationsform versucht nun, illegitime Nominalismen auf ein Minimum zu reduzieren. Dieses Minimum ist das menschliche *cogito,* das Unbezweifelbare schlechthin. Der moderne *Entwurf* ist die kühne Wette, eine Sozialorganisation nicht aus einem ausserweltlichen Prinzip abzuleiten, sondern kraft der immanenten Eigenschaften dieses *cogito* aufzubauen. Die neuzeitliche Philosophie ist somit nicht nur die Auslotung des Denkmöglichen, es ist auch das Experimentieren mit einer neuen Gesellschaftsarchitektur, die aus diesem Denkmöglichen induziert werden kann. Die Wortewahl ist hier wichtig. Die moderne Ordnung ist eine *konstruierte* Ordnung. Nur durch laufendes *trial and error* wird sie allmählich zusammengesetzt. Und sie wird sich allmählich bewusst, dass evolutionäre Vorteile nicht als Schicksale erfahren, sondern durch Kooperation ihrer Mitglieder geschaffen werden können. Denn das *cogito* ist keine Substanz, aus der man neue Gewissheiten gewinnen kann, es ist ein undeutlicher Prozess des Sich-Herantastens an eine Wahrheit, die man nicht kennt, nicht kennen kann, ein Prozess, bei welchem das Denkmögliche architektonisch experimentiert werden muss, wie auch umgekehrt das daraus gewonnene soziale Gehäuse die Legitimität dieses neuen Prinzips abgeben muss. Dieser Prozess braucht Zeit, sehr viel mehr Zeit, als die konvulsive Zeitrechnung der Modernen ihm zubilligen mochte. Für die Vorstellungen der Modernen galt lange Zeit die schnelle Abrechnung mit der Vergangenheit; man wollte alles andere als die Wiederholung des Ewig-Selben, war gar dazu bereit, sich auf Experimente einzulassen, auf verrückte Utopien. Doch sehen wir jetzt, dass uns diese Vorstellungen den Weg zur besseren Kenntnis dieses Zeitalters versperren, und wir müssen damit fertig werden, dass der groben Aufbürdung der alten Souveränität nicht blitzartig ein neues Prinzip (das Individuum, die Öffentlichkeit) folgte, sondern ein langes und mühseliges Ringen mit Vernunftselementen. Die Geburt der Modernen ist nicht konvulsiv. Wie jede neue Zivilisation ist sie eine Zangengeburt. Geburtswehen sind äußerst schmerzhaft – man versteht, dass alles daran gesetzt wird, um diese Schmerzen zu verkürzen.

Was ich damit sagen will, ist verhältnismäßig einfach: Die Loslösung von der Vergangenheit, vom Mittelalter, von der Tradition ist zwar in den Vorstellungen ein unglaublich rasanter Vorgang, der in weniger als drei Jahrhunderten drei Revolutionen gekannt hat: eine astronomische, eine politische und eine wirtschaftliche. In Wirklichkeit aber ist die Transitionsphase zwischen Mittelalter und Modernen nicht nur dieses ominöse «lange 16. Jahrhundert» (1450–1620), während dem die wichtigsten «Erfindungen» gemacht wurden, sondern sehr viel länger, sehr viel breiter. Sie beginnt mit den ersten kommerziellen Austauschen im 11. Jahrhundert, und sie findet erst heute Formen ihrer definitiven Ausprägung. Diese Transitionsphase ist ein «symbolisches» Zeitalter, ein Zeitalter, in dem Symbole als Vermittlungen zwischen Transzendenz und Immanenz auftraten. Das Geld war eines dieser Symbole. Denn es hatte sowohl vertikale wie horizontale Eigenschaften – es ordnete den Verkehr zwischen den Menschen, aber gleichzeitig oblag es einer höheren Gewalt, die für seinen Wert, sein Annahmezwang und seine Stückelungen sorgte. Aber es war immer auch mehr als ein solches Symbol; mehr als pures Werkzeug, denn es trug in sich immer auch die fatale Tendenz, dasjenige, was es als Werkzeug einsetzte, selbst als Werkzeug einzusetzen – oder wie man heute sagt: zu instrumentalisieren. Diese «Umkehrung der Zwecke», die schon Georg Simmel und Max Weber als Inbegriff des «modernen Geistes» festgestellt hatten, macht aus dem Geld ein tätiges Symbol, d. h. ein selbststrebendes «Ding» oder in der Philosophensprache eine *Entelechie,* die immerfort versucht, die es beschränkenden und bestimmenden Umgebungen in die Bedingung seiner eigenen Expansion zu verwandeln.

Vom Erzeugen der Seifenblasen

Doch wollen wir ein wenig Abstand gewinnen. Wir wissen: Alles dreht sich hier ums Geld; wie man eben sagt, die Welt als Ganze drehe sich ums Geld – ohne genau zu wissen, um was sie sich eigentlich dreht und was drehen denn heißen mag. Die Methode des Fragments empfiehlt nicht nur, von Winzigkeiten auszugehen, sondern auch Denkbrüche einzuführen. Das Geld besitzt zwar ein System, wir wären aber schlecht beraten, wenn wir so täten, als kennten wir es. Dieses System infiziert unsere Sprache und unser Denken, wir sind daher konstant auf der Hut. Und wenn wir fragmentarisch vorgehen oder plötzlich die Perspektive wechseln, dann nur, um nicht in die Fänge dieser Sprache und dieses Denkens zu gelangen. Immer wieder muss von vorne begonnen, immer wieder müssen Wiederholungen vorgenommen werden, immer wieder müssen Umwege, Auswege, Holzwege geplant werden – das kostet Zeit und kann nicht einmal damit gerechtfertigt werden, dass auf ein kreatives Chaos hingewiesen wird. Es wird sehr oft beim Geld über Metaphern verfügt. Dieser metaphorische Zugang – über Gott und die Welt – hat aber seine Tücken. Sehr oft verführt die Metapher zu einem rein analogischen Verfahren, das vielleicht geistreich, selten aber erkenntnisleitend ist. Versuchen wir dennoch eine Annäherung über eine oft benützte Metapher, die Metapher der Seifenblase.

Es gibt zwei Arten, Seifenblasen zu erzeugen. Bei der einen taucht man einen Docht ins Seifenwasser, nimmt ihn heraus und bläst durch die am Docht befindliche Öffnung. Bläst man etwas forsch, so bilden sich zehn kleine Seifenblasen, die durch den Raum gleiten, allmählich herabsinken und schließlich bei der ersten Berührung mit dem Teppich zerplatzen. Bläst man behutsamer, so bildet sich so etwas wie ein Seifenbalg, eine unförmige Blase, die man nur mit Mühe vom Docht lösen kann. Bleibt sie kleben, so bildet sie sich zurück, und es bleibt einem nichts anderes übrig, als durch immer stärkeres Blasen diesen Balg von seinem Ursprung zu lösen.

Oft gelingt die Operation nicht, und die große Blase zerspringt und hinterlässt also zwei oder eine Myriade von Seifentropfen, die an der Brille des Betrachters herunterrinnen. Gelingt sie dagegen, so schwabbelt die unförmige Blase schnell zu Boden. Seltsam muten ihre Bewegungen an, wie ein amorpher Körper, der sich dehnt und wieder zusammenzieht, im hilflosen Versuch, etwas Leben zu simulieren. Die ganzen Beatmungsübungen, die Gestikulationen, um dieses Ding wieder in die Höhe zu bringen, misslingen; es legt sich behäbig zu Boden, schwabbelt ein letztes Mal und zerplatzt schließlich.

Diese Erzeugung einer plumpen Blase gelingt auch bei der zweiten Methode, wo man sich des Daumens, des Zeigefingers und irgendeines Abwaschmittels bedient. Man seift seine Hände ein, bis die Beseifung eine genügende Viskosität erhalten hat. Das merkt man daran, dass sich im Kreis, gebildet durch den gekrümmten und zum Daumen geführten Zeigefinger, eine Seifenmembran gebildet hat, die man nun behutsam anbläst, bis sie sich verformt und schließlich, bei stetigem Blasen, zu einem mächtigen Seifenballon ausdehnt. Je nach Geschicklichkeit des Blasers kann das Ungetüm einen halben Meter groß werden. Auch hier gelingt die Abnabelung nur beschwerlich. Auch hier hilft nur kontinuierliches Blasen, damit sich der Balg nicht zusammenzieht. Und auch hier schwabbelt das Ding grotesk zu Boden, hilfloser Zeuge der Schwerkraft.

Das Motiv (des Seifenblasens) – Der Geldkreislauf wird des Öfteren als Seifenblase bezeichnet – besonders dann, wenn mit ihm etwas nicht stimmt. Man spricht unverhohlen von sogenannten *monetary bubbles,* von «bulles monétaires», von Seifenblasen eben. Das ist soweit nicht erstaunlich, denn seit je hat man sich hydraulischer Metaphern bedient, um vom Gelde zu sprechen. Fluss, Liquidität, «pompe à phynance» (Alfred Jarry), Ströme, Wellen, Waschanlagen, *«floaten»,* um nur einige zu nennen; aber auch die gesamte Geldtheorie unterliegt der Logik der Hydraulik: Wie sich Geldmengen und Zinssätze, Kredit- und Kapitalflüsse, Geldschöpfungen und -zerstörungen hin und her bewegen, das erinnert sehr genau an jene ominösen Physikaufgaben, wo tropfende Hähne und diverse Wasserspiegel unsere Einbildungskraft strapazierten, es erinnert an die hohe Kunst des Klempners, der hier einen Wasseranschluss macht, dort den Druck erhöht, hier ein Ventil einbaut, dort ein Messgerät anbringt und so weiter. Geld sei das *mysterium tremendum* unserer Zeit, behaupten wir unablässig, auf jeden Fall aber beschwörend. War es früher die soziale Frage gewesen, der Antagonismus zwischen Arbeit und Kapital, noch früher die Nahrungsfrage, das Ringen um die Subsistenz (für einige mag es auch manchmal und für kurze Zeit so etwas wie eine Sinnfrage gegeben haben – doch lassen wir das), so ist es heute die monetäre Frage. Sie überdeckt und fundamentiert alles, durchzieht die Wunschmaschinen, besetzt die Gedanken und Kalküle, rhythmisiert die Zuckungen unserer Gesellschaften, Umwelten und Kulturen.

Und doch hat das Geld zwei seltsame Qualitäten: Es ist erstens von einer furchtbaren Banalität, von einer kaum auszudenkenden biederen Allgemeinheit, die jeden Gedanken daran als pure Zeitverschwendung erscheinen lässt; aber andersherum ist es das Undenkbare schlechthin, eine mit Denkverbot versehene Schablone, die ernst zu nehmen gar fatale Folgen haben könnte.

Dialektik – Hier haben wir den Inbegriff der gegenwärtigen Verletzbarkeit, jener ontologischen Immunschwäche, die unsere Existenzen als etwas Entweiht-Banales erscheinen lässt, aber gleichzeitig als etwas zutiefst Bedrohtes und daher Schutzbedürftiges. Wüssten wir vom Gelde zu lesen, wüssten wir, *wie überhaupt* zu lesen ist, übertrügen sich diese Kategorien wie selbstverständlich.

Der Erste, der auf diese paradoxe Spannung zwischen Fatalität und Banalität hingewiesen hatte, war der französische Kulturtheoretiker Jean Baudrillard. Als Erster hat er auch die Konsequenzen aus dem *Ende der Dialektik* gezogen. Denn mit Dialektik ging immerhin noch die Hoffnung in einen Prozess einher, in dem selbst der *worst case* nochmals umschlagen konnte in ungeahntes (aber umso verdienteres) Glück. Dialektik als Kunst der Umfunktionierung des *worst case,* als letztes Wort des Optimisten, als Lösung des Rätsels der Dreifaltigkeit, mitunter auch der Endpunkt des christlichen Zaubers von Schuld und Erlösung. Unter dem mythischen Stern der Dialektik konnte nichts schief gehen; zwar war Geduld angesagt, aber früher oder später machte sie sich bezahlt. Es kam der Umschlag und damit die Bestätigung des Optimisten in seinen Prozess. Getreu dem geflügelten Wort des Biedermannes: *Und wenn du glaubst es geht nicht mehr ...* brachte die Dialektik die ungeahnte Erlösung – oder etwas gehobener, nach Hölderlin: «Wo aber Gefahr ist, wächst / Das Rettende auch.»

Doch Dialektik ist unversehens durch das monetäre Prinzip ersetzt worden. Und das hat Konsequenzen. Als Dialektik bezeichnete man eine Spannung, die überwunden werden musste, und zwar so, dass diese Spannung im überwundenen Zustand aufgehoben wurde. Es ist also ein Rhythmus zwischen Konflikt und Beruhigung, im Wissen, dass jeder Konflikt einmal enden wird, und zwar so gut wie möglich, aber dass jede Beruhigung nur eine Scheinruhe darstellt, die früher oder später zum Tumult führt. In ihr lauern Kräfte der Zersetzung und des Aufruhrs, wie im Konflikt Kräfte der Beisetzung und der Harmonie harren. Es kann also nie etwas definitiv Gutes oder Schlechtes geben, da Dialektik allem Definitiven entsagt hat, ja das Definitive als ihr Gegenteil erblickt. Diese Rhythmik ist in ihrem Erlösungsversprechen und seiner Unheilserwartung eine typisch christliche Denkfigur. Nicht dass sie reine Ideologie wäre, eine reine Bemäntelung der Menschheitsgeschichte, ereignen sich ja vielzählige Naturprozesse nach diesem Schema; doch hat sie immer etwas Tröstendes an sich. Etwas Tröstendes und Aufschiebendes, möchte man fast sagen: für diejenigen die warten, dass ihr Unrechtszustand ein Ende nimmt, und für jene, die frohlocken, dass ihre Wonnen grenzenlos seien. Es kommt aber die Zeit und unaufhaltsam ihr Zahn; Dialektik hebt auf, mit der Zeit, Dialektik gibt der Zeit ihre Richtung und ihren Sinn, ruhelos pocht sie von Spannung zur Ruhe und von Ruhe zur nächsten Spannung. Mit diesem traditionellen Rhythmus geht es aber langsam zu Ende. Mit dem Überhandnehmen einer rein monetären Logik werden diese Spannungsverhältnisse zwischen Mensch und Natur, Subjekt und Objekt, Haben und Sein, Geist und Seele usw. durch andere Prozesse kapillarer, konvektiver, imitativer und epidemischer Natur abgelöst. Die Adjektive sind zwar vage, doch sie deuten schon in Richtung subtiler physikalischer Prozesse, wie wir sie bei der Blasenbildung vorfinden. Wir wollen den Vergleich etwas weiterziehen.

Der Geldkreislauf bläht sich und bläht sich. Wie die Zinslasten, die Schuldendienste, die Akkumulation fiktiven Kapitals. Das ist nicht erst seit 2008 so. Frühestens seit Schaffung des ersten künstlichen Geldes, im frühen 17. Jahrhundert, spätestens mit der Aufgabe einer systematischen geldpolitischen Kontrolle, mit der Aufkündigung der Bretton-Woods-Abkommen (1971/1971), ist der Prozess der Geldschöpfung von all seinen Fesseln befreit worden. Generell nimmt man an, dass die heute grassierende finanzkapitalistische Schuldendynamik anlässlich des Korea-Krieges begann, als die amerikanischen Kriegsausgaben nicht mehr durch das laufende Staatsbudget gedeckt werden konnten und die Amerikaner auf staatliche Schuldenpapiere zurückgreifen mussten, um diesen Krieg zu finanzieren. Dieses unproduktive *deficit spending* hielt über 15 Jahre lang an. Unproduktiv, weil die Amerikaner diese Kriege nicht imperialistisch nutzen konnten, um ihre Verschuldung durch Ressourcenausbeutung wieder auszugleichen. Dennoch blieb der Schuldenberg in einem durch Budgetgesetze eng umschriebenen Rahmen. Erst als die Vereinigten Staaten durch die zu hohe Parität des Dollars als Leitwährung das System flexibler Wechselkurse einführte und zugleich die Vergabe von Kleinkrediten an Private lockerte, bildete sich eine monetäre Masse, die als virtuelles Kapital sich immer mehr von der Realsphäre entfremdete. Es bildete sich ein monetärer Balg dessen Verhältnis zu dieser Realsphäre (durch Menschenhand geschaffener Mehrwert) sich binnen eines Jahrzehnts in astronomische Verhältnisse steigerte. Zehn Jahre nach der Aufkündigung der Bretton-Woods-Abkommen, wurde das Verhältnis Geldmenge/ Weltsozialprodukt auf ein Verhältnis 300:1 geschätzt. Das war anno 1989.

Aber alle schauten weg. Dabei war das Spektakel umwerfend, ein hydraulisches Faszinosum. Überall schwellten die Bälge, gefüllt mit nichts als Erwartungen, mit Nichts und Erwartungen. Und da sitzen sie, die Notenbankengouverneure, und blasen behutsam zwischen Daumen und Zeigefinger. Hier eine Vierteldrehung des Haupthahnes, dort ein Häuchlein Geldzerstörung. *Fine tuning* nennen sie diese Klempnerakrobatik – und für die großen Massen gilt Austerität (das hatte ich erstmals vor mehr als 15 Jahren geschrieben; heute schreiben wir das Jahr 2010, und was hat sich geändert?).

Dieses Verhältnis von 300:1, das sich seit den späten 80ern noch sehr viel weiterentwickelt hat, so sehr, dass es eigentlich keinen Sinn mehr macht, Zahlen zu nennen, 4570:1, oder 12270:1, muss selbstverständlich heruntergerechnet werden, da mit der Elektronifizierung des Zahlungsverkehrs die Zahl und Qualität rein monetärer Transaktionen drastisch zugenommen hat. Für eine traditionelle Zahlung «Güter–Geld» kommen Hunderte von «Geld–Geld»-Zahlungen hinzu. Bezifferbar ist besagtes Verhältnis schon lange nicht mehr. Ein Bezifferung macht auch keinen Sinn mehr, da man nicht mehr wissen kann, wann dieses Verhältnis ein dramatisches, wann es ein katastrophales, wann ein selbstzerstörerisches Ausmaß erhalten hat. Man weiß nur, dass der *monetäre Überhang* groß ist – und dass in einer solchen Situation klassischerweise eine Inflation ausbricht, welche dieses Missverhältnis wieder ins Lot bringt. Von diesem Lot sind wir heute mehr denn je entfernt, wie auch die Aussicht auf eine regulierende Inflation alles andere als realistisch erscheint. Wie gebannt starren wir auf diese gespenstische Geldmasse, die jeden Moment wie besagte Seifenblase zu zerplatzen droht und von der jedoch alle unsere Existenzen abhängen. Wie gebannt vertrauen wir den monetären Klempnern, die in den Balg hauchen, wohlwissend, dass er immer größer, immer unförmiger wird. Und immer fragiler.

Hier hat sich eine faustische Logik ausgebreitet, fernab jeder Dialektik, fernab jeder politischen Regulierung, fernab jenes prometheischen Modernisierungsstrebens, der die klassische Moderne auszeichnete. Diese faustische Logik, deren Mechanismen wir allmählich erkennen, offenbart auch hier ein kaum aussprechbares Tabu: Es ist die fatale Erkenntnis, dass ihre Zerstörung, je besser man die Logik versteht, umso notwendiger erscheint.

Prometheus und Faust

Die Moderne kennt zwei sehr ungleiche Helden. Der eine ist der unentwegte Bastler, der nie ruhende Innovator, der immer neueres, kleineres, größeres, witzigeres, praktischeres sucht; seine Neugier ist riesengroß, gar nahezu krankhaft. Immer auf Neues aus, wirft er kurzerhand alles, was ihm gestrig erscheint zum alten Eisen. Der andere ist ein Schattendasein, keine Sonnengestalt, er lebt in Zwischenreichen, saturnisch – Faust. Faust hat jedes Interesse daran, Prometheus vorzuschieben, und Prometheus selbst ist viel zu naiv, als dass er Fausts Ermunterungen durchschauen könnte. Prometheus schafft Wirklichkeiten, er formt, verbessert, meißelt und biegt; Faust dagegen spielt mit den Wirklichkeiten, sie auf ihre Bedeutungen reduzierend und sie gegeneinander ausspielend. Er schlüpft durch sie hindurch, und glaubt man, man habe ihn auf eine Wirklichkeit festgelegt, so ist er schon auf einer anderen und betrachtet uns mit verschmitztem Blick. Für ihn gibt es keine Zeiten, Räume, keine Zweckreihen, keine Unmöglichkeiten, denn er ist immer im Zwischen. Zwischen den Zeiten, zwischen den Räumen, manchmal hier, manchmal dort, wehe, man nehme ihn beim Wort. Er hält es nicht oder nur dann, wenn er uns mit dem nächsten foppen kann. (Kein Wunder, dass man mit Faust so leicht dahin-goetheln kann.) Prometheus ist der rechtschaffene Macher. Für ihn gibt es nur Sätze wie: «Ein Wort ist ein Wort», «Ein Ding ist ein Ding», «Der Staat ist der Staat» usw. Er ist der Klempner dieser Welt, verrichtet die Dreckarbeit und tröstet sich zumindest damit, ein Werk wenn nicht vollbracht, so wenigstens verrichtet zu haben. Munter und «kuraschiert» schaut er auf die Welt, sucht, ob nicht noch etwas auszubessern wäre, unverdrossen und unverzagt, mit allerlei Werkzeug hantierend, seine Welt meisternd. Glaubt er. Er kann weder Hände noch Geist ruhen lassen; immerfort ist er in der Beschäftigung, müht sich ab, ruht nur aus, um wieder zu können, zu schuften, zu meistern, stolz, wenn er abends todmüde zu sich sagen kann, er habe keine Zeit verloren. Das ist nicht nur lutherianischer *Ethos,* das reicht tief in anthropologische Strukturen, in die Unabgeschlossenheit menschlicher Exzentrik. Nicht in sich ruhen, nicht in sich Grenzen finden zu können, immer wieder über sich hinausgehend, von außen her zu sich finden zu müssen, ist das Schicksal des *homo faber,* jenes Sysiphus, der es sich aber verwehrt, verwehren muss, des Sysiphianischen seines Wirkens bewusst zu werden. Und gerade in diese Kerbe schlägt der Kobold. Er, der keine Hände zum Greifen hat, nur Augen, um zu erhaschen, mokiert sich still über diesen Einfaltspinsel. Schnell erkennt er, dass zwischen diesem Wirken und seinem Sinn eine Lücke klafft, die der Einfältige nicht kennen kann, nicht kennen will. Mach nur, du Tropf, du armer, schinde dich, wie du kannst, es scheint dich glücklich zu machen. Es scheint, ja, und es scheint dir zu genügen. Und wenn es dir genügt, abends in den gutverdienten Schlaf zu versinken, da werde ich, der nie und nimmer schlafen kann, so recht wach und niste mich ein in deine Gedanken. So träumt Faust den prometheischen Traum, damit der Klempner am nächsten Morgen wieder Projekte machen kann.

Völlig verquer glaubte man, es gäbe apollinische und dionysische Menschen, Arbeits- und Festwesen, wo doch beide nur an *einer* Wirklichkeit kleben (die einen arbeiten, *damit* die anderen festen). Faust kann man nur an seiner «Strecke» nachverfolgen, (mal ist er hier, mal ist er dort – besser gesagt: Mal war er hier, mal war er dort), von einer Wirklichkeit in die andere; man kann nur ahnen, wenn er das Register wechselt, nur nachträglich nachzeichnen, wo er gewesen ist und jetzt nicht mehr. Dass er genau das Subjekt der Geldlogik sei – das bedurfte der genialischen Spurensicherung Goethes. Wenn Mephistopheles seinem Doktor Faustus zu bedenken gibt, die leeren Staatskassen am besten mit *treasury bonds* zu füllen, die durch schlummernde Bodenschätze gedeckt seien, dann ist dies ein geschicktes Spiel mit der Virtualität. Virtuell ist noch ungeborgene Wirklichkeit, auf die man aber reelle Wechsel ziehen kann, welche die Bergung dieser Schätze unnötig machen. Noch jede Religion hantierte mit diesem Trick. Der Vergleich zwischen Gott und Geld – so obskur die Metapher auch sein mag – besticht hier besonders. Was wollt ihr ihn sehen, diesen Bodenschatz, was lohnt die Mühe seiner Bergung, auf die Gefahr hin, enttäuscht zu werden? Wäre es nicht besser, ihn dort zu lassen, wo er (der Gott, der Schatz – und schließlich das Geld) zu sein *scheint?* Und je mehr man ihm aufbürdet, je mehr Armeen man damit finanziert, je mehr Hoffnungen auf ein Jenseits man sich macht, desto zweifelhafter und riskanter die Bergung, desto reeller die Virtualität. Das weiß aber nur Faust. Prometheus schwitzt sich derweil einen ab. Und erst noch auf dem falschen *claim.*

Genauso verhält sich das Drama zwischen Real- und Nominalsphäre, zwischen Prometheisten und Faustianern. Es ist ein ungleicher Kampf, den nur eine Partei verstehen kann. Und auch wenn es für den Prometheisten einen gerechten Schlaf gibt, wie man so sagt, dann nur, weil er vom Gelächter der Schattengestalt nichts hören kann.

Ich hatte weiter oben schon von dieser Heimat – ich habe Heimat geschrieben, meinte aber ... die Heirat zwischen Prometheus und Faust – gesprochen, eine sehr ungleiche Ehe, in der Tat. Eine Ehe, die nur mit den Begriffen der Sexualpathologie einigermaßen erfasst werden kann. Prometheus ist ein Natursadist. Er beutet aus, locht, meißelt, sägt – aus heiter Freud. Doch er tut dies ohne böse Absicht. Er glaubt gar, der Menschheit einen Dienst zu erweisen. Ganz anders, unser Faust. Er macht seine Experimente, um seine Macht zu erproben, seine Freude ist das Spiel. Glaubt Prometheus durch sein Wirken zum allgemeinen Wohlstand beizutragen, so ist Faustens Absicht allerhöchstens ästhetischer Natur. Er ist sich bewusst, dass sein Werk nie verwirklicht werden kann, dennoch möchte er wissen, wie weit er den Spuk treiben kann. Man muss hier betonen, dass Perversion kein zweiseitiger, reziproker und symmetrischer Prozess ist: Der Sadist hat wenig Freude am Masochisten, der ihn anfleht, ihn noch mehr zu erniedrigen; er braucht ein unschuldiges Wesen, dessen Leiden echt und unverdient ist. Aber genau im selben Sinne fühlt sich der Masochist dem Sadisten nur dann *nicht* überlegen und entwickelt Lust nur, wenn dieser seinen Sadismus nicht aus Lust (denn die Lust des Masochisten ist der Lust des Sadisten immer überlegen), sondern aus hartem Kalkül, Pathologie oder einem anderen un-lustigen Motiv nährt. Daher die Frage: Wer ist hier der bessere Sadist, Prometheus oder Faust? Der Unterwerfer oder die Schattengestalt? Natürlich ist es Faust, der Prometheus in seinem Natursadismus nicht nur unterstützt, sondern von diesem doppelt, gar dreifach profitiert: einmal durch die Bergung etwaiger Ressourcen, mit denen er einen lukrativen Handel betreiben kann; dann durch die Genugtuung, dass sein Trick verfängt; und schließlich durch die Erkenntnis, dass sich ihm neue Wirklichkeiten erschließen, durch die er unentwegt hindurchschlüpfen kann. Prometheus ist ein naiver Sadist: Er tut weh für den guten

Zweck. Doch ist er sich seiner Untat nicht bewusst. Und genau diese Naivität braucht Faust; er braucht Prometheus' Freude und Schaffenskraft, sein ungestümes Abarbeiten an der Materie; er braucht sie, um sadistisch – bewusst diesmal, an einem mit Bewusstsein begabten Gegenstand – die Vergeblichkeit all dieses Strebens zu belachen.

Auch diese Faust-Geschichte hat eine persönliche Bewandtnis.

Binswangers «Faust» – Der gute Herr Prof. Dr. Hans-Christoph Binswanger war von vielen seiner Studenten gefürchtet. Seine rigorose Art, sein übertrockener Humor, seine fachliche Strenge waren berühmt. Er ist und bleibt ein rigoroser Ökonom, ein Wissenschaftler eines Faches, in dem es wenig zu lachen gibt. So waren auch unsere Doktorandenseminare, die sinnigerweise nicht auf dem Rosenberg, sondern in Kartausen, Klöstern oder Burgen delokalisiert worden waren, harter Arbeit, technischer Diskussionen und harscher Kritik verpflichtet. Es war in den späten 70ern. Nach getaner Arbeit wurde getafelt. In der Mitte saß Binswanger, seine Assistenten zur Seite, umringt von uns Studenten. Und just in dem Augenblick, als wir uns anschickten, Bad Ragaz unsicher zu machen, nach einem langen Tag, wo es um Geld- und Bankenpolitik ging, bat er uns zu bleiben. Er habe für uns etwas gedichtet, sagte er verschmitzt. Welche Ehre, wem haben wir das zu verdanken, nicht einmal, wie in der Rekrutenschule, uns nach dem Abendmahl dünn machen zu können. Nein, wir mussten bis zum bitteren Ende ausharren, denn die Sache schien einige Ausmaße zu haben. Ich erinnere mich noch, wie er tief in seine Westentasche langte, seine Blicke nach links und rechts sendend, und wie er aus dieser Westentasche ein dreifach gefaltetes Papierbündel hervornahm, das er sorgfältig entfaltete. Oje, oje, sagte ich mir, nicht einmal ein Vesperbier würde mir gestattet. Er räusperte sich, war sichtlich vergnügt, kämpfte mit sich, nicht zu viel Vergnügen *vor* der Lesung an den Tag zu legen. Und las. Als Dozent war seine Miene konzentriert, ernst, gefasst, mit minimaler Gestik, prüfendem Blick, kein Dekorum, nur die Sache selbst, zu der er sich verpflichtet fühlte. Aber jetzt kam ein überschwänglicher, ein geistreich-sprudelnder Binswanger zum Vorschein, einer, der effektvoll vortrug, mit sichtlichem Genuss, mit verschmitzter Miene, mit schallendem Lachen.

Ich muss bekennen, dass mein Enthusiasmus damals sehr begrenzt war. Ich hörte mir die Goethe-Verse an, die Kommentare dazu, abgespannt und etwas vergrämt; bis auf das Fazit: da nämlich, wo Binswanger Clausewitzens berühmtes Diktum abwandelt und bekennt, dass die moderne Wirtschaft nichts anderes sei als die Fortsetzung der Alchemie *mit anderen Mitteln*. Hier ging's aufs Ganze, nachdem wir uns den ganzen Tag mit geldtheoretischen Konjunkturanalysen herumgeschlagen hatten.

Da horchte ich auf und verzichtete aufs Vesperbier. Und von da an, konturierte sich allmählich dieses Faust'sche Prinzip, dessen Facetten ich in den folgenden Jahrzehnten nachzugehen trachtete. Denn, was Binswanger in seiner Interpretation des *Faust II* an den Tag legte, war nicht nur dieser Zauber einer illimitierten Geldschöpfung, es war auch das durch sie in Gang gebrachte grenzenlose Wachstum, das auch Goethe in Szene gesetzt hatte; und das bis zum letzten Gleichnis, wo die beiden Einsiedler, Philemon und Baucis, deren Kleinod als Inbegriff des autarken *Oikos* begreifen wird, und dessen expansionsbedingter Untergang letztlich die Umweltkrise versinnbildlicht, den Abschluss dieser kongenialen Allegorie bildet.

Goethe hatte also *vor allen anderen* das Geheimnis des Geldes gelüftet. Er kannte die fatalen Geldexperimente mit den Assignaten, John Law's Erfindungen, die Papiergeldemissionen, die Wechseltechniken mitsamt ihren dramatischen Konsequenzen, doch er reduzierte sie nicht auf menschliche Habgier, auf Charakterschwächen oder Perversionen, sondern – und hier liegt sein Genie – erkannte in ihnen das Wesen des Geldes. Als erster erkannte er, dass Geld kein Werkzeug war, das menschliches Handeln potenzierte, sondern eine Macht mit eigenen Gesetzen; eine Macht, deren Befreiung wie mit Pandora's Büchse mit unabsehbaren Effekten verbunden war.

Geldbefreiung (IV) – materiell

Die wohl wichtigste Errungenschaft der säkularen Geldentwicklung ist zugleich die unbeachteteste. Man vergisst oft, dass Geld von Gewicht sein kann, dass «ponderales» Geld im Verkehr zu einem realen Hemmnis und einem großen Risiko werden kann. Nicht unbeträchtliche Teile der Geldentwicklung sind auf die Reduktion dieser beiden Hemmfaktoren zurückzuführen. Gold zu transportieren ist nicht nur mühevoll, es ist auch gefährlich. Wie bereits gesehen, war der mittelalterliche Wechselverkehr, ein Vorbote des Giralgeldes, just auf diese Tatsache zurückzuführen. Der Wechsel war ein Stück Papier, und das Papier konnte nur persönlich indossiert werden.

Eine der wichtigen Entdeckungen Georg Simmels war die enge Korrelation zwischen dieser Entstofflichung des Geldes und seiner Universalisierung als Medium. Das ist verständlich. Denn die Umstände des gewichtigen Geldes erschweren nicht nur seinen physischen Verkehr, sie begrenzen all seine Funktionen. Probleme der Stückelung, der Echtheit des Geldes, der sicheren Lagerung, der Umtauschraten, all dies hemmt den Geld- als Goldverkehr beträchtlich. Denn die Geldfunktionen *als solche* sind ja nicht an ein substanzielles Medium gebunden. Ganz abgesehen von der Messfunktion, die ohnehin eine rein geistige Funktion ist, könnte man sich ein Tauschsystem vorstellen, bei welchem mein Quäntchen Arbeit direkt gegen ein Pfund Zucker eingetauscht werden könnte. Aber selbst als Wertaufbewahrung könnte man sich ein ideales Geld vorstellen, dessen Wert durch eine Behörde garantiert würde. Hat man sich seit Menschengedenken auf das Gold kapriziert, so hat das nur damit zu tun, dass solchen Behörden nicht genügend Vertrauen geschenkt wurde und man die Seltenheit des Goldes als bessere Sicherheit betrachtete als ein eidesstattlicher Beweis. Aber auch hier braucht man nur wenig an der Oberfläche zu kratzen, und schon findet man wieder den zutiefst konventionellen Charakter des Geldes.

Die gesamte Geldgeschichte ist die Geschichte der Dematerialisierung des Geldes. In dieser Hinsicht waren uns die Chinesen weit voraus – einmal mehr. Doch war bei ihnen ihr «Seidengeld» nur ein Surrogat, während die europäische Geldbefreiung ein säkularer Prozess ist. «Seidengeld» wurde mephistophelisch geprägt, als die Staatskassen leer waren und sorglichst vermieden, von dem Moment an, wo die chinesischen Armeen sich wieder durch Plünderungen refinanzieren konnten. In Europa, hingegen, wurde die Wechseltechnik ständig verfeinert, ging es ja nicht nur darum, den seit dem 11. Jahrhundert wieder zunehmenden Handel mit genügend und genügend gutem Geld zu versorgen, sondern das monetäre Zinsverbot zu umgehen. Die komplexen Konstruktionen der Händler und Wechsler hatten also nicht nur mit Tauscherleichterung zu tun, viel einträglicher war für sie, das den Juden bislang reservierte Geldgeschäft zu erobern. Und dafür war es notwendig, das eherne Zinsverbot zu umgehen. Die eigentliche Dematerialisierung des Geldes ist somit ein zweiseitiger Prozess, der es verdient, näher untersucht zu werden.

Auf der einen Seite haben wir alle praktischen Belange der Tauscherleichterung. Wie kann ich den Handel besser absichern, und zwar gegen alle möglichen Gefahren? Nicht nur gegen Wegelagerer, sondern auch gegen die vom König verordnete Münzverschlechterung, dann gegen den schlechten Zahler, der die Ware erhält und nur Versprechungen abgibt, und schließlich all die praktischen Kniffe, die eine genaue Wertmessung und eine genaue, termingerechte Bezahlung gestatten sollte. Welche Mittel, welche Substanzen, welche Zahlenreihen mussten dazu mobilisiert werden, um den Tausch zu erleichtern? Hinzu kommen alle Probleme der Assekuranz im internationalen Handel. Wie können diese zahlreichen Risiken abgeschätzt und abgefedert werden, wie können sie gemessen und abgerechnet werden? Das sind höchst komplexe Prozesse, die heute, wo wir über entsprechende Infrastrukturen verfügen, kaum mehr in Betracht gezogen werden. Aber das ist nur eine Seite der Medaille. Sie hat direkt mit der Materialität des Geldes zu tun. Denn sehr früh, noch weit vor dem jüngsten Kapitalismus, wurde das Geld *verbrieft*. Ein Stück Papier, das nicht einmal durch irgendeine öffentliche Gewalt emittiert oder garantiert, sondern direkt zwischen Händlern transferiert wurde, die sich also Vertrauen schenken *mussten,* beinhaltete alle Aspekte des Tausches – nicht nur als Versprechen, sondern an Zahlungsstatt. Man stelle sich nur diese Abstraktionsleistung vor und damit gekoppelt das notwendige Vertrauen, das sich Händler, die oft mehrere Reisewochen voneinander getrennt waren, entgegenbringen mussten. War dieses Giralgeldsystem einmal am Platz, so funktionierte es mit minimsten Transaktionskosten. Wie schwierig und riskant jedoch ein solches Unterfangen war, kann man sich heute, wo man all dies durch die staatliche Währungssouveränität hindurch sieht, nur noch schwer vorstellen. Die Abstraktionsleistung, die erforderlich war, um den Prozess der Entstofflichung zu denken, um diese Figur des «an Zahlungsstatt» überhaupt begrifflich zu machen, gehört zu den größten Symbolisierungsvermögen, welche die

Menschheit in ihrer Geschichte erlebt hat. Zwar war auch das Edelmetall per Konvention als werthaltig angesehen, doch handelt es sich hier um eine fast universelle Konvention, deren Konventionalität deshalb minim war (und selbst ohne Garantie der öffentlichen Gewalt vonstattengehen konnte). Fast überall auf der Welt wird Geld oder Silber als Wertspender akzeptiert – und wenn die öffentliche Gewalt interveniert, dann eigentlich nur, um das Problem der Masse abzusichern. Sich nun aber per Konvention darüber zu einigen, an Stelle eines materiellen Werts ein bloßes Stück Papier entgegenzunehmen, setzt, nebst dem Vertrauen, von dem wir oft gesprochen haben, eine umfassende Abstraktionsleistung voraus, dieses materielle Ding, das man vor sich hat, mit all seinen materiellen Eigenschaften, mit seiner Verfassung und Geschichte, auf gerade nur jene Charaktere zu reduzieren, die seine Tauschbarkeit ausmachen. Eine ästhetische Reduktion sondergleichen – und es ist ja nicht so, dass man die Werkzeuge seiner Denkbarkeit vor sich hatte (Masse, Zahlen, Gewichte usw.), sondern sie erst noch erfinden musste, um diese Reduktion durchzuführen. Ein materielles, ästhetisch vielgestaltiges «Ding» durch Züge seiner Tauschbarkeit auszudrücken ist eine Symbolisierungsleistung – ein Denken des einen *durch* das andere – die bis an die Grenze menschlicher Denkfähigkeit geht. Doch sind einmal die Denkwerkzeuge vorhanden, kehrt sich die Sache um, wird zur Trivialität. Genau diese Trivialität, die wir immer wieder in unseren Erkundigungen um das Geld angetroffen haben (alle sprechen darüber, alle wissen darüber Bescheid, jeder schlauer als der andere usw.).

Die andere Seite dieser Entstofflichung ist noch dunkler und verschlungener. Dass Geld als solches keinen Zins abwerfen kann, ist ein allen traditionalen Gesellschaften gemeinsamer Zug. Bevor es als ein moralisches Verbot gewertet wurde, wurde Zinsnehmen als sachliche Unmöglichkeit angesehen. Wie soll denn ein an und für sich steriler Gegenstand «Junge» *(tokos)* abwerfen? Selbst beim Weizenkorn, das des öfteren als sog. Paläo-Geld gebraucht wurde, wird der Spross nicht als ein Mehrwert des Geldes angesehen, sondern als Weizenkorn, das den gewöhnlichen Gang der Dinge genommen hat. Die Weizenrechnung wird also ohne die Sprösslinge gemacht. Doch die universelle Verdammung oder zumindest die abgrundtiefe Ächtung des Zinsnehmens bei Geldgeschäften macht andererseits durch ihren beschwörenden und repetitiven Charakter stutzig. Es ist so, als müsse man sich stets die Immoralität dieses Phänomens einreden, als handle es sich dabei um eine groß Gefahr – für die Moral, und wie wir bereits über Aristoteles wissen, für die gesamte Gemeinschaft. Diese Perhorreszierung macht stutzig, weil sich niemand Illusionen über solche Verbote macht. Die Sache ist doch zu lukrativ, als dass man von ihr lassen möchte; oder zumindest alles daran setzt, um diese Verbote zu umgehen oder zu relativieren. Man muss sich bewusst sein, dass sich weite Teile der Intelligenz im Okzident jahrhundertelang an diesem Problem abmühten. Auch hier sind Abstraktionsleistungen am Werk, die konstitutiv waren für die Genese modernen Denkens.

Wir sagten bereits, dass in *allen* traditionalen Gesellschaften – außer der jüdischen, wo es im Umgang mit Fremden gestattet wurde – das (monetäre) Zinsnehmen verboten war. Wie kommt es nun, dass gerade auf unserem Kontinent die Frage nach der Zinsbefreiung so akut wurde? Hat es nicht mit einer Periode zu tun, in welcher Kriegswirren und Kreuzzüge einen enormen Finanzbedarf erweckten, der nicht nur durch Seignoriage abgedeckt werden konnte? Und könnte es nicht sein, dass die dadurch in Gang gebrachte Geldschöpfung einen wirtschaftlichen Prozess induzierte, dem die gesamte moderne Dynamik zugrunde liegt?

Die Bedingungen einer solchen Befreiung der monetären Dynamik waren durchaus günstig. Denn die katholische Kirche war direkt in diesen Geldhandel involviert und hatte durchaus ein Interesse, daran zu verdienen. Sie hatte ja die Oberhand über die Pfandhäuser und schielte unentwegt auf die unmoralischen Gewinne der «Leihjuden». Die Frage war nun, wie Geld verliehen und dafür ein Zins verlangt werden konnte? Jahrhundertelang hatte diese Frage die intelligentesten Geister Europas mobilisiert. Nicht zufällig waren die besten scholastischen Philosophen, wie die Bischöfe Oresmius, Cajetan oder Buridan, auch die besten Kenner der Geldfrage. Diese Umgehung des Zinsverbots hatte nicht mit der Materialität, sondern mit der *Semantik* des Geldes zu tun. Um uns lange Verwicklungen zu vermeiden, nur so viel: Die Doppelseite des Geldes war zumindest seit Aristoteles bekannt. Die Strategie, die verfolgt wurde, um die chrematistischen Auswüchse des Geldes zu vermeiden war dementsprechend auch eine doppelte. Einerseits stigmatisierte man die Chrematistiker (Juden, Exkommunizierte, Mäthöken und Banausen) und schuf so durch deren Ausschluss eine Sicherheitsgrenze, die ein Überborden auf die Gesellschaft verhinderte; andererseits verordnete man den «ökonomistischen» Geldverkehr auf «regalischer» Basis. Nur wer auf einem gewissen Gebiet souverän war, konnte auch ein Münzregal besitzen. Um nun das Zinsverbot zu umgehen, benützte man diverse Varianten, die aber alle auf die eine Frage hinaus führten, was Geld denn eigentlich sei. Allen Ernstes wurde also eine Frage gestellt, deren Antwort zwar allen klar war, wie aber auch allen klar war, dass das Stellen dieser Frage zu einer instrumentalisierten Antwort führen musste. Also eine vollendete Scheinfrage. Ich wiederhole, weil dies wirklich für den Zeitgeist charakteristisch ist: Allen war bewusst, dass man bewusst eine «dumme» Frage stellte, um aus dem Wirrwarr an Interpretationen eine Rauchwand zu produzieren, hinter der mit Geld (viel) Geld verdient werden konnte. Die schmutzigen Geschäfte der letzten Jahre haben also eine lange Vorgeschichte. Zunächst wurde das Zinsnehmen im Außenhandel toleriert und als eine Art Risikoprämie aufgefasst. Es wurden aber auch über Jahrhunderte die subtilsten Umgehungsgeschäfte vorgenommen – wie im jetzigen Islam –, damit ja nur die Tatsache, dass hier ein Gut – die Zeit nämlich – gehandelt würde, die nicht in Menschen-, sondern in Gotteshand lag, tunlichst verschleiert werden konnte. Lange bevor die Zinstoleranz eingeführt wurde, praktizierte man den Geldzins – doch zu erheblichen Kosten. Das führte Heerscharen von Juristen des kanonischen Rechts dazu, sich mit der Bedeutung des Geldes auseinanderzusetzen, bis sich schließlich im 17. Jahrhundert die Meinung durchsetzte, dass das Geld wie ein Werkzeug anzusehen und der Bankier nichts anderes als sein Handwerker sei. Es war dann auch Jean Calvin der erste christliche Theologe, der für die Zinsbefreiung eine Lanze brach, was umso erstaunlicher ist, als Calvin für seinen moralischen Rigorismus berüchtigt war. Aber vielleicht erklärt dies Folgendes: Nur indem man das Handeln allgemein und den Handel im Besonderen derart rigoros einschränkte, konnten die Auswüchse der Zinsbefreiung im Banne gehalten werden. Doch die Geschichte des 18. Jahrhunderts, angefangen mit der Südseekrise 1720, ist durchzogen mit Finanzskandalen, die letztlich alle auf diese Befreiung zurückzuführen sind, wie David Liss' Romantrilogie der Abenteuer des Benjamin Weaver eindrücklich belegt. Eindrücklich ist nicht nur, wie hier im London der 1720er- Jahre eine Geldbombe nach der anderen platzt, eindrücklich ist auch, wie schnell die Geldsprache, welche nur die Mensch-Ding-Beziehungen hätte regeln müssen, auf die Mensch-Mensch-Beziehungen übergriff. Nicht umsonst untertitelte einer der besten Kenner der Wucherzins-Debatte, Benjamin Nelson, sein klassisches Werk *The Idea of Usury* mit *From Tribal Brotherhood to Universal Otherhood.* Denn die Entfesselung der modernen Gelddynamik durch die Zinsbefreiung führte in der Tat von Sozialstrukturen der tribalen Bruderschaft zur universellen «Anderschaft», mit anderen Worten zu jener für die Moderne charakteristischen losen Verkoppelung gleichgültiger Sozialagenten.

Die Befreiung des Geldes von seinen materiellen Fesseln hat somit zwei Seiten: eine stoffliche, wodurch das Geld fluider, fungibler, billiger und schneller wird; eine semantische, wodurch ein Substanzgeld zu einem Kommunikationsmedium wird, das alle Austausche, seien es wirtschaftliche, soziale oder kulturelle, in seinen Bann zieht. Diese beiden Prozesse sind eng miteinander verzahnt: je unstofflicher, desto medialer.

Hier klingt ein uraltes Motiv an, das in dieser ganzen Diskussion nur selten behandelt wurde: die Frage nach der Existenz des Bösen in der Welt. Diese Frage war ein permanenter Stachel in der christlichen Theologie. Wenn Gott der Alleserschaffer ist und zugleich der unendlich Gute, wie kommt es, dass es ein Böses gibt auf dieser Erde, aber vor allem: Warum greift er nicht ein, wenn er allmächtig ist? Allerlei Hilfserklärungen wurden gegeben, ausgehend von der Erbsünde bis hin zur augustinischen Erfindung des freien Willens. Doch das waren Gedankenkonstrukte, die vielleicht hinter den Schutzmauern der Klöster überzeugen konnten, denen aber draußen, wo das Böse sein Unwesen trieb, fast nur mit Argwohn begegnet wurde. Da hatte es die seit ihrem Gründer, Mani, wohl wichtigste Kontrahentin der offiziellen Christenheit, die gnostische Bewegung, leicht, das Böse auf die Welterschaffung durch einen gefallenen Engel zurückzuführen. Wenn alles Materielle luziferianischen Ursprunges ist, dann ist die Welt böse als solche. Da hilft die Busse nicht, um die Erbsünde abzutragen, und auch der freie Wille ist nur ein trügerisches Artefakt, die Menschheit im Trug belassend, es genüge doch, sich seines Willens bewusst zu werden und mit ihm innerlich vor Gericht zu gehen, um die Menschheit vor dem Bösen zu erlösen. Anlässlich der schlimmsten Episoden der Menschheitsgeschichte war es immer diese Frage der gnostische Zweifel an den offiziell-christlichen Tröstungen, die von den Menschen gestellt wurde: Heiland, warum hast du uns nicht geholfen? Vor *dieser* Frage, die Hans Jonas in seinem Auschwitz-Buch gestellt hat, Jonas als einer der besten Kenner der Gnosis, konnte nur die gnostische Antwort überzeugen. Wenn alles Materielle das Werk Luzifers ist, dann ist die einzige Rettung die Loslösung von dieser Materie, die einzige Hoffnung die Befreiung der Seele von ihrer materiellen Hülle. Denn nur die Seele ist eine Schaffung Gottes, und letztlich geht es nur im sie. So gesehen, ist Entstofflichung, *auch des Geldes,* ein gnostischer Vorgang. Durch ihn wird Geld unsichtbar, unwahrnehmbar, geruchlos.

Man könnte nun meinen, dass dadurch die Austausche von ihrem chrematistischen Makel befreit würden, dass der Korrumpierung menschlicher Beziehungen – bei Geldsachen hört die Freundschaft auf, sagt man gelegentlich – auf diese technisch subtile Weise endlich ein Ende bereitet würde. Weit gefehlt! Wir argumentieren hier genau umgekehrt. Gibt es einen roten Faden der Kritik, den wir unentwegt weiterspinnen, so ist es dieser: Fernab allen gnostischen Zweifels ist die Dematerialisierung des Geldes der entscheidende Vektor zur definitiven Durchsetzung der Geldlogik. Faust ist unsichtbar geworden und damit universell. Konnte man ihn weiland noch am Schopfe packen, ihn schütteln und ihn davonjagen, so hat er sich jetzt in das Phantom der neuen Sachlichkeit verwandelt. Alle handeln sie jetzt ganz sachlich und ungerührt an der prometheischen Zerstörung der materiellen Welt und der menschlichen Bande, wie Prometheus mit seinem guten Willen. Von der Schattengestalt ist nichts mehr zu sehen. Doch ist sie allgegenwärtig. Sie ist in den Beziehungen drin, die uns einigen, wir sind die Prometheisten der letzten Stunde. Unsichtbar geworden, aber tätig umgesetzt wurde dieser Rest an Materie, an dem wir noch etwas auszusetzen hatten, in einem riesengroßen Elektronenhimmel resorbiert.

Geldbefreiung (V) – quantitativ

Trägheit ist das Charakteristikum der traditionellen Gesellschaften. Lebten die Griechen noch ganz im Moment, scherten sie sich keinen Deut um Vergangenheit und Zukunft, so ist auch die Dynamik der Römer auf nichts anderes zurückzuführen als auf die Abwesenheit vom Widerstand ihrer Anrainer. Wurde ein Mehrwert, meist beschwerlich und langsam, verdient, so wurde er schnurstraks in Luxus und Festlichkeiten «investiert». Diese Bedächtigkeit, diese fast planvolle Unstrebsamkeit der traditionellen Gesellschaften bildet für uns eine nostalgische Folie, wann immer wir uns im Taumel der Modernen nach etwas Gelassenheit sehnen. Denn auf dieser Folie erscheint unsere Epoche wie ein außer Rand und Band geratenes Ungetüm, wie ein *perpetuum mobile,* dessen Ruhelosigkeit immer weiter beschleunigt wird. Und obwohl diese Beschleunigung, wie Hartmut Rosa in seinem gleichnamigen Buch darlegt, in vielen Fällen zu kontraproduktiven Effekten führt, erkennt man darin einen Selbstzweck, der auf paradoxe Weise zur Selbstbeschreibung dieser Epoche gehört.

Dieses erratische Streben, dieser konvulsive Expansionismus, diese permanente Flucht nach vorn – sie sind das Signum der Modernen. Wir haben bis hier her einige Argumente zusammengetragen, um Bedingungen und Konsequenzen des Prozesses der Geldbefreiung näher zu prüfen. Dasselbe zu tun hat sich auch Hartmut Rosa angeschickt. Für ihn ist Beschleunigung das originäre Phänomen, das alle Züge, alle

Qualitäten und alle Widersprüchlichkeiten dieser ungewissen Periode darstellt. Er gibt gerne zu, dass, wenn es gelänge, hinter diesem Prozess ein noch umfassenderes Movens zu finden, seine Erklärung vollauf zu revidieren wäre. Ein solches Motiv ist die Geldbefreiung.

Betrachten wir die Wirtschaftsgeschichte der letzten 500 Jahre, so lässt sich eine bemerkenswerte Regelmäßigkeit feststellen. Je mehr die moralischen, materiellen, ästhetischen und semantischen Fesseln des Geldes gelockert wurden, desto zügelloser geschah die Geldschöpfung. Wie schon der große französische Historiker Fernand Braudel es auffasste, ist die Geburt des modernen Kapitalismus ein durch und durch spekulatives Phänomen. Ist einmal das Geldregal relativiert (und wir wissen, dass bereits die ersten Wechsel dieses Regal untergruben), ist der Zugang zu Geldberufen dereguliert, sind Risiken zu finanzieren, die sonst niemand abdecken würde, so beginnt die Geldschwemme. Und zwar mit einer Dynamik, die kein anderes Phänomen, nicht einmal epidemische Vermehrungen, Heuschreckenplagen oder biotopische Katastrophen aufweisen. Denn jede zusätzliche Befreiung *multipliziert* die schon vorhandene Geldmasse, indem weitere Fesseln gelockert werden. Hier haben wir denn auch das Urphänomen der Beschleunigung. Jede Befreiung provoziert weitere Befreiungen, und jedes neue durch Befreiung entstandene Geldangebot produziert weitere Angebote, weitere Derivate, weitere Spekulationen und alles potenziert sich bis ins Unendliche. Es ist ja nicht so, dass, wie bei den Griechen, die Geldpotenzierung nur den Geldzins *(tokos)* umfasst; denn aus jeder Befreiung entstehen Myriaden von neuen Möglichkeiten, deren Grenze nur die menschliche Phantasie darstellt. Wird zum Beispiel der Zins befreit, so entstehen neue Berufe, neue Kreditformen, neue Spielarten der Finanzierung, neue Geldspiele, neue Kriminalitäten usw. Dieser Vermehrungsprozess ist wie gesagt einzigartig, es ist die einzig wirklich exponentielle Entwicklung, die von Menschenhand entfacht werden kann. Und sie kann es auf erdenklich einfache Weise. Es braucht nur ein Blatt Papier, ein Einverständnis, ein langsames Einlenken in Vertrauensmechanismen, und plötzlich gedeiht eine unbremsbare Zirkulation.

Die neuzeitliche Beschleunigung ist somit kein originäres Phänomen, nicht einmal eine Konsequenz technologischer Innovationen. Es ist genuin ein Phänomen der Zirkulation, das von dem Moment an, wo Geld nicht mehr als bestimmter Faktor [G = f(E)], sondern als bestimmender Faktor [E = f(G)] fungiert, in einen Zustand der ständigen Hyperbolisierung umkippt.

Verfolgen wir also die Geschichte dieser seit fast einem halben Jahrtausend andauernden wilden Emissionen und betrachten ihre unmittelbaren Konsequenzen, so stellen wir unschwer fest, dass jeder Geldrausch, jede Seifenblase mehr oder weniger schnell durch einen Prozess der Geld- und der Wertzerstörung beendet wird. Es ist wie nach einem Buschfeuer, einem Flächenbrand, mit dem Unterschied aber, dass weniger die Feuerleger, die Geldpyromanen, ruiniert werden, sondern jene, die zu spät den Spuk erfuhren oder keine andere Wahl hatten, als an ihn zu glauben. Doch der Spuk ist so schnell vorbei, wie er gekommen ist. Er hinterließ aber Spuren. Viele Geldschwemmen hinterlassen nur Asche und Desillusion. Doch kann es auch geschehen, dass irgendwo in der Wirtschaft diese Geldschwemme auf fruchtbaren Boden fällt; sei es, dass derjenige, der den Ruin spürt, sich zur Wehr setzt und durch alle Mittel versucht, seine Schulden zurückzuzahlen; sei es, dass diese Schwemme eine Mangelsituation zu überbrücken hilft und so ganz positiv das Rad des Wirtschaftswachstums zum Drehen bringt; sei es, dass gar neue Reichtumsquellen erschlossen werden, die nur durch solch billigen Geldes erbeutet werden können. Ganz auszuschließen ist also ein Realeffekt dieser wilden Emissionen nicht. Im Gegenteil, je größer die Emission, je rasanter der Flächenbrand, desto größer die Chance, dass irgendwo in diesem Taumel ein nominell induzierter Wachstumseffekt stattfindet. Das heißt aber noch lange nicht, dass wir solche spekulativen Beutezüge guthießen. Solche expansive Geldpolitik ist russisches Roulette; kein vernünftiger Ökonom kann sich ein solches Wagnis wünschen. Es ist und bleibt spekulativ, und somit der Tendenz nach destruktiv. Was aber sicher ist, sind die raschen, chaotischen und vor allem massiven *realen* Konsequenzen dieser Schöpfungen. Nebst Geld- und Wertzerstörung – sei sie kreativ oder nicht, wie im Sinne Joseph Schumpeters – entsteht immer die Chance eines solchen Realeffektes. Oder wir hätten besser gesagt: *entstand*.

Der Prozess ist strukturell immer derselbe: Geldbefreiung –> Geldmengenexpansion –> Geld- und Wertzerstörung –> Wachstumseffekt. In ihrer bahnbrechenden Studie *This Time is Different* (2009), in der sie die wichtigsten Finanzkrisen über fast acht Jahrhunderte in über 60 Ländern zusammengetragen haben, kommen Carmen Reinhart und Kenneth Rogoff zu folgenden Fazits: 1. Der Verlauf dieser Krisen ist fast immer derselbe, 2. Zwar wird gesagt, dass man daraus gelernt hat, dass *this time is different,* doch werden periodisch immer wieder die gleichen Fehler gemacht. 3. Werden diese Finanzkrisen wie «Übergangsriten» betrachtet, die mit Notwendigkeit von einer Wirtschaftsstruktur zur anderen führen. Und dass 4. auch die jetzige Krise (vorausgesetzt die Zunahme der Staatsverschuldung übertreffe nicht 90%) eine solche «Normalkrise» ist. Was in ihrer Analyse jedoch fehlt, ist eine genaue

Beschreibung der Natur dieses Strukturwandels. Denn nicht alle Länder haben es geschafft, einen solchen Realeffekt zu induzieren. Viele sind an den Schulden zugrunde gegangen, sodass es von einigem Interesse sein könnte zu wissen, ob es Gemeinsamkeiten bei den Happyends gibt oder nicht. Für unseren Teil können wir nur eine solche Vermutung aussprechen, ohne über die massiven Daten dieser Autoren zu verfügen.

Wir sehen also, dass dieser Prozess seine eigene Logik hat, eine Logik, die wir zwar nachzeichnen können, dessen zeitlicher Ablauf und dessen Wahrscheinlichkeit des Realeffektes jedoch nicht absehbar sind. Es liegt aber auf der Hand, dass die Wahrscheinlichkeit des Realeffekts einher geht mit dem Vorliegen brachliegender Ressourcen. Billiges Geld sucht kurz vor dem Kollaps jede erdenkbare Möglichkeit der *Verwertung*. Je billiger dieses Geld, desto größer die Bereitschaft, ein Verwertungsrisiko auf sich zu nehmen. Ist man darauf gefasst, sein Geld innert kurzer Frist zu verlieren, ist man gerne bereit, es noch in den irrsinnigsten Coup zu «investieren». Was nun aber zu Beginn der Modernen durchaus vorstellbar war, das Auffinden lukrativer Anlagen, verknappte sich zusehends mit dem Erreichen jener famosen «Grenzen des Wachstums», von denen schon weiter oben die Rede war. Das versetzt uns in eine ausweglose Situation, denn statistisch gesehen hat das Volumen dieser Geldschwemmen immer zugenommen bei gleichzeitiger Verknappung der Verwertungsmöglichkeiten. Das Resultat ist eine immer größer werdende Wert- und Geldzerstörung. Ob dies auch ein «Übergangsritual» ist, wie Reinhart und Rogoff behaupten, das einen Strukturwandel der Wirtschaft vorbereitet, von dem wir noch nichts wissen, ist eine Frage für Zukunftsforscher, die gerne mit dem Feuer spielen.

Schlusswort

Seit Beginn des 17. Jahrhunderts setzt sich, unscheinbar und unbemerkt, die Geldlogik durch. Geld schreibt die ‹verborgene Agenda› des modernen Zeitalters. Nicht der Geist des Rationalismus war es, nicht die «theoretische Neugier», nicht der Gedanke der Emanzipation, nicht einmal die Menschenrechte, welche das Schicksal der Neuzeit besiegelten – das alles sind geschickte Inszenierungen einer neuen gesellschaftlichen Ordnung, einer «Synthesis», deren Fundament das Geld ist. Oder vielmehr seiner eigenartigen Logik, die nur sehr wenig mit dem Gegenstand «Geld» zu tun hat. Denn wir alle kennen diesen Gegenstand und sprechen fortlaufend davon; doch seine Logik ist uns weitgehend unbekannt. Und da wir uns mit dem Gegenstand zufriedengeben, neigen wir bei seiner Logik immer wieder zu Trivialitäten. Der Grund für diese Unbekanntheit liegt meines Erachtens darin, dass wir uns auch, was die moderne Gesellschaftsformation angeht, mit Trivialitäten zufrieden geben. So haben wir hier auf zwei Phänomene aufmerksam gemacht – ein Wandel in der Rhythmuswahrnehmung und ein Wandel in der Vorstellung des Tauschhandels –, die bislang nicht wahrgenommen wurden, die aber eng mit dieser Geldlogik zusammen hängen. Wir taten so, als ob uns das moderne Gesellschaftsgefüge transparent sei; wir glaubten mit der Aufzählung von allerlei Institutionen und Organisationen, Werten und Normen, dieser Erkenntnis Genüge geleistet zu haben. Doch wie lässt sich verstehen, dass wir plötzlich ab dem 17. Jahrhundert unser

Herz haben anders schlagen hören, *weil* sich das Gesellschaftsgefüge verändert hatte? Wie kommt es, dass sich genauso unbemerkt eine jahrtausendealte Tauschnorm, die jedem Gewinn ein Verlust gegenübersetzte, sich so radikal verändert hat, dass es nur noch Gewinne und *Winner* geben sollte? Wie kommt es, dass solche fundamentalen Umwälzungen in der Wahrnehmung und den Sinnstrukturen des Abendlandes völlig unbemerkt blieben? Und können wir demnach unbescholten und naiv dieselben Gesellschafts- und Geldbegriffe benützen, die uns diese Verdrängungen beschert haben? Wohl kaum.

Geld hält die Welt nicht in ihrem Innersten zusammen – aus dem einfachen Grunde, da es kein Inneres (mehr) gibt. Ein Netzwerk hat kein Inneres, es hat nur Verästelungen und Knoten. Will man verstehen, was diese Geldlogik ist und wie sie funktioniert, so müssen wir von dieser bizarren Form ausgehen. Denn seit dem 17. Jahrhundert hat sich die Mittlerfunktion des Geldes – grob gesprochen, seine drei Wirtschaftsfunktionen – drastisch verändert. Es ist zum Bauherrn eines neuen Gesellschaftsentwurfs geworden, welches die Figur des Individuums in sein Zentrum gerückt hat. Es wäre aber vermessen, zu glauben, uns seien die Baupläne dieser Gesellschaft bekannt. Unser ganzer Aufwand hier war eigentlich negativ bestimmt; er war darauf gerichtet, mit dem Trivialroman des Geldes zu brechen; er warnte sogar vor unseren Denkformen, im Verdacht, sie seien geldbestimmt (was auch immer das heisst). Wenn überhaupt ein Trend geborgen wurde, der uns die Richtung weisen konnte, dann war es dieser universale Befreiungsprozess, dem das Geld ausgesetzt schien. Ihm entlang haben wir versucht, die Baupläne einer Geldgesellschaft abzuluchsen. Sollte ich also diesen Prozess seit dem 17. Jahrhundert auf die kürzest mögliche Formel bringen, so wäre es, wie oben bereits erwähnt: *Geld setzt sich durch.* Es ist jener Prozess, der nicht nur während seiner Expansion alle (politischen, moralischen, kulturellen, ästhetischen und selbst buchhalterischen) Widerstände gebrochen hat, sondern sich an diesen Widerständen weiter gestärkt hat. Das ist seine ausgesprochen dynamische und paradoxe Natur.

Geld setzt sich durch, indem es noch mehr Geld «heckt» – dies sein zweiter Aspekt. Es wird ja nicht nur immer «immaterieller», sondern es wächst unablässig, und unablässig emanzipiert es sich von seinem materiellen Substrat. Schon lange ist es nur marginal mit dem Warenhandel beschäftigt und fast nur noch mit sich selbst. Dieses «geldheckende Geld», wie einst Marx sagte, dieses «automatische Subjekt», je unsichtbarer und je voluminöser es wird, desto massiver bestimmt es den Gang seiner Realisierung. Befreites Geld ist ein Wesen, dass seinen Sinn in sich selbst hat, eine *Entelechie,* möge dieser Sinn menschlich, möge er reinste Barbarei sein. Und befreites Geld, mobilisieren wir nochmals einen Begriff aus der Antike, ist *Pleonexie,* der Inbegriff von Habsucht und eine der drei antiken Formen von Ungerechtigkeit.

Fritz Breithaupt schildert in seinem überaus spannenden Buch über die Ichsucht (2008) den Fall eines Übersetzerkollektivs, das Deutsch in Chinesisch übersetzen will. Stundenlang schon mühen sich die Chinesen mit den Begriffen Individualität und Individualisierung ab. Sie finden keine adäquate Übersetzung und sind der Verzweiflung nahe. Da bitten sie ihre deutschen Kollegen, ihnen alle möglichen Synonyme zu beiden Begriffen zu unterbreiten. Nicht lange dauert es und schallendes Gelächter breitet sich in ihren Reihen aus: all diese Worte hätten ja eine klare Bedeutung auf Chinesisch. Man könne sie alle mit Neid und Habsucht übersetzen. Dies der dritte Effekt, mit welchem wir zur Immunokratie und zum Musil'schen Eingangszitat zurückkommen. Diese entelechetisch-pleonexische Geldlogik hat ein Netzwerk gebaut, deren Knoten den Namen Individuum trägt. Dieses seltsame, zivilisatorisch einmalige Gebilde weiss sich in einem System gefangen, dessen Komplexität es nicht übersehen kann. Es weiss nur, dass es für seine Position, seinen Knotenpunkt, mit allen Mitteln kämpfen muss. Es muss mit diesem System mitschwingen, darf sich aber auf keinerlei Solidarität verlassen. Vergessen wir nicht diese breitangelegte Studien über soziale Isolation in den Vereinigten Staaten (Smith-Lovin et al. 2006): innert 20 Jahren ist der Kreis der Menschen, auf die man zählen konnte, von 12–13 auf 2–3 gefallen. Noch gibt es also zwei bis drei Knoten in der Nähe, die man seine Nächsten nennen kann. Doch ahnen wir den Verfall auch dieser Nächsten und müssen uns panzern. Nicht Habgier oder Neid ist es, die uns nur noch Immunisierungspläne schmieden lassen, es ist die blanke Angst.

Weiterführende Literatur

Jean Baudrillard, *Der unmögliche Tausch,* Berlin 2000.

Ulrich Beck, *Risikogesellschaft. Auf dem Weg in eine andere Moderne,* Frankfurt/Main 1986.

Gottfried Benn, *Sämtliche Werke,* Bd IV, Prosa 2, 1933-1945, Stuttgart 1989.

Marshall Berman, *All that is Solid Melts into Air. The Experience of Modernity,* London & New York 1982.

Hans-Christoph Binswanger, *Geld und Magie. Eine ökonomische Deutung von Goethes ‹Faust›,* Stuttgart und Wien 1985.

Hans-Christoph Binswanger & Paschen von Flotow (Hrsg.), *Geld und Wachstum. Zur Philosophie und Praxis des Geldes,* Stuttgart und Wien 1994.

Hans Blumenberg, *Die Legitimität der Neuzeit,* Frankfurt/Main 1966.

Hans Blumenberg, «Geld oder Leben. Eine metaphorologische Studie zur Konsistenz der Philosophie Georg Simmels», in: Hannes Böhringer & Karlfried Gründer (Hrsg.), *Aesthetik und Soziologie um die Jahrhundertwende: Georg Simmel,* Frankfurt/Main 1976.

Eske Bockelmann, *Im Takt des Geldes. Zur Genese modernen Denkens,* Springe 2004.

Eske Bockelmann, «Abschaffung des Geldes», in: Rudolf Heinz & Jochen Hörisch (Hrsg.), *Geld und Geltung. Zu Alfred Sohn-Rethels sozialistischer Erkenntnislehre,* Würzburg 2006.

Fernand Braudel, *Sozialgeschichte des 15.–18. Jahrhunderts,* 3 Bde., München 1986.

Fritz Breithaupt, *Der Ich-Effekt des Geldes. Zur Geschichte einer Legitimationsfigur,* Frankfurt/Main 2008.

Ulrich Bröckling, *Das unternehmerische Selbst. Soziologie einer Subjektivierungsform,* Frankfurt/Main 2007.

Alexis Carrel, *L'Homme, cet inconnu,* Paris 1935.

Dieter Claessens (mit Karin Claessens), *Kapitalismus als Kultur. Entstehung und Grundlagen der bürgerlichen Gesellschaft,* Frankfurt/Main 1973.

René Descartes, *Musicae Compendium. Leitfaden der Musik,* Darmstadt 1992 (2. Aufl. [1618]).

Mary Douglas, *Reinheit und Gefährdung : eine Studie zu Vorstellungen von Verunreinigung und Tabu,* Berlin 1985.

Jean Clam, *Aperceptions du présent. Théorie d'un aujourd'hui par-delà la détresse,* Paris 2010.

Alain Ehrenberg, *Das erschöpfte Selbst. Depression und Gesellschaft in der Gegenwart,* Frankfurt/Main 2004.

Herbert Franke, *Geld und Wirtschaft in China unter der Mongolen-Herrschaft. Beiträge zur Wirtschaftsgeschichte der Yüan-Zeit,* Leipzig 1949.

Frank Furedi, *Politics of Fear. Beyond Left and Right,* London & New York 2005.

Jeremias Gotthelf, *Geld und Geist oder Die Versöhnung,* Bern 1843/1844.

Aldo Haesler, *Sociologie de l'argent et postmodernité,* Genf & Paris 1995.

Aldo Haesler, «Die Erfindung des Positivsummenspiels», in: Paul Kellermann (Hrsg.), *Die Geldgesellschaft und ihr Glaube,* Wiesbaden 2007.

Friedrich A. von Hayek, *Geldtheorie und Konjunkturtheorie,* Berlin und Leipzig 1929.

Klaus Heinrich, *Versuch über die Schwierigkeit, nein zu sagen,* Frankfurt/Main 1964.

Gunnar Heinsohn & Otto Steiger, *Eigentum, Zins und Geld. Ungelöste Rätsel der Wirtschaftswissenschaft,* Reinbek b. Hamburg 1996.

Hans Jonas, *Der Gottesbegriff nach Auschwitz: eine jüdische Stimme,* Frankfurt/Main 1987.

Milan Kundera, *Die unerträgliche Leichtigkeit des Seins,* Frankfurt/Main 1987.

Bernhard Laum, *Heiliges Geld. Eine historische Untersuchung über den sakralen Ursprung des Geldes,* Tübingen 1924.

Bruno Liebrucks, «*Über den logischen Ort des Geldes*», Kantstudien, Bd. 61, Bonn 1970.

Konrad Paul Liessmann (Hrsg.), *Geld. Was die Welt im Innersten zusammenhält,* Wien 2010.

David Liss, *A Conspiracy of Paper,* New York 2000.

Niklas Luhmann, *Die Wirtschaft der Gesellschaft,* Frankfurt/Main 1988.

Serge Moscovici, *La Machine à faire les dieux,* Paris 1988

Elisabeth Müller, *Die sechs Kummerbuben,* Bern 1942.

Rudolf Wolfgang Müller, *Geld und Geist. Zur Entstehungsgeschichte von Identitätsbewusstsein und Rationalität seit der Antike,* Frankfurt/Main & New York 1977.

Robert Musil, *Der Mann ohne Eigenschaften,* 3 Bde., Reinbek/Hamburg 1957 [1943].

Benjamin Nelson, *The Idea of Usury. From Tribal Brotherhood to Universal Otherhood,* Chicago 1949.

Axel T. Paul, *Die Gesellschaft des Geldes. Entwurf einer monetären Theorie der Moderne,* Wiesbaden 2004.

Detlev J.G. Peukert, *Die Weimarer Republik. Krisenjahre der Klassischen Moderne,* Frankfurt/Main 1987.

Helmuth Plessner, *Grenzen der Gemeinschaft. Eine Kritik des sozialen Radikalismus,* Bonn 1924.

Wolfgang Pohrt, *Der Geheimagent der Unzufriedenheit. Balzac. Rückblick auf die Moderne,* Berlin 1984.

Carmen M. Reinhart & Kenneth S. Rogoff, *This Time is Different: Eight Centuries of Financial Folly,* Princeton 2009.

Hartmut Rosa, *Beschleunigung. Die Veränderung der Zeitstrukturen in der Moderne,* Frankfurt/Main 2005.

Joseph A. Schumpeter, *Das Wesen des Geldes,* Göttingen 1970.

Georg Simmel, *Philosophie des Geldes,* Berlin und Leipzig 1900.

Peter Sloterdijk, *Zur Kritik der zynischen Vernunft,* Frankfurt/Main 1983.

Lynn Smith-Lovin, Miller McPherson und Matthew Brashears, «Social isolation in America: Changes in Core Discussion Networks over Two Decades», *American Sociological Review* 71:3 (June, June, 2006): 353-375.

Alfred Sohn-Rethel, *Geistige und körperliche Arbeit. Zur Theorie der gesellschaftlichen Synthesis,* Frankfurt/Main 1970.

Werner Sombart, *Der moderne Kapitalismus. Historisch-systematische Darstellung des gesamteuropäischen Wirtschaftslebens von seinen Anfängen bis zur Gegenwart,* 6 Bde., München & Leipzig 1927.

Bruno Tackels, *Walter Benjamin, une vie dans les textes. Essai biographique,* Arles 2009.

Viviana Zelizer, *The Social Meaning of Money: Pin Money, Paychecks, Poor Relief, and Other Currencies,* New York 1994.